豫剧

校本课程资源开发研究

RESEARCH ON THE DEVELOPMENT OF SCHOOL
BASED RESOURCES FOR HENAN OPERA

罗　强◎著

新华出版社

图书在版编目（CIP）数据

豫剧校本课程资源开发研究 / 罗强著 .
-- 北京：新华出版社，2025.1.
-- ISBN 978-7-5166-7873-2

Ⅰ . G633.950.2

中国国家版本馆 CIP 数据核字第 2025SW2951 号

豫剧校本课程资源开发研究

作者：罗　强
出版发行：新华出版社有限责任公司
（北京市石景山区京原路 8 号　邮编：100040）
印刷：天津鸿彬印刷有限公司

成品尺寸：170mm×240mm 1/16　　**印张：**16.5　**字数：**170 千字
版次：2025 年 3 月第 1 版　　　　　　**印次：**2025 年 3 月第 1 次印刷
书号：ISBN 978-7-5166-7873-2　　　**定价：**86.00 元

微店　　视频号小店　　抖店　　京东旗舰店　　请加我的企业微信

微信公众号　　喜马拉雅　　小红书　　淘宝旗舰店　　扫码添加专属客服

内容提要

　　课程资源作为中小学课堂教学的主要载体，在教师发展与学生成长中发挥重要的作用。豫剧校本课程资源开发需聚焦文化主体、教育活动主体、开发主体的回归，需关注豫剧作为地方知识的文化特性。当前，河南中小学在豫剧校本课程资源开发实践中缺乏主体性认识，缺乏理论性和技术性指导。本书基于主体回归视角探究豫剧校本课程资源开发思路、模型和路径，旨在充分发挥教师和学生"双主体"作用，积极调动学校、教师、学生、家长、社区"多主体"的"群体"效应，在豫剧课程资源开发中，鼓励"家校社"合作，弥补豫剧校本课程资源的开发和利用出现主体虚置现象，真正形成"家校社"三方合力，进而引导青少年树立正确的审美观，树立民族文化自信，回归中华优秀传统文化主体。

　　本书以问题为导向，按照"问题分析—模型建构—路径设计"的逻辑，从明晰主体回归的基本理念、设计豫剧校本课程资源"家校社"协同开发思路、基于该思路构建豫剧校本课程资源开发的维度模型、探究豫剧校本课程资源开发的实施路径、生成豫剧校本课程资源五个方面开展研究。首先，采用定量研究和定性研究相结合的方法编制调查问卷，通过问卷和半结构访谈对河南省部分中小学音乐教师及河南省中小学音乐名师进行调查发现：文化主体、教育活动主体、豫剧课程资源开发主体回归本位有利于剧课程资源开发的思路、模型、路径的构建。其次，针对当前豫剧校本课程资源开发中存在的问题，在借鉴国内外关于课程资源开发的研究成果基础，以建构主义理论和教育生态学理论为基础，设计"家校社"协同开发思路，以实现课程选择、资源共享与推广应用的一体化；构建"三维"开发模型，旨在从认知能力、开发能力和应用能力以促进学生全面发展。最后，依据"三维"模型三要素之间的关系，探索课程资源开发的"六步"实施路径，以明确豫剧校本资源的开发主体与目的、组织豫剧校本资源的普查与分析、注重豫剧校本资源的再加工、提高豫剧校本资源的利用率、评价豫剧校本资源利用效果、优化豫剧校本资源的开发策略。

为提高中小学校本课程资源的开发与利用，需政策赋能，建立课程资源开发激励机制，依据课程标准开发豫剧课程资源以体现其本体性，提高学校、教师、学生、社区等开发课程资源主体的积极性，通过内容筛选、结构排列、具体编制等要素呈现河南豫剧文化的整体样态。剖析豫剧校本课程资源开发的理论研究，旨在为校本课程资源开发提供一定的借鉴，探索豫剧校本课程资源开发的具体实践路径，为中小学音乐教师提升豫剧校本资源开发利用的主体意识和实践能力提供具体方法路径参考。

目　录

CONTENTS

第一章

引 言

> > >

豫剧校本课程资源开发研究

第一节 研究背景和问题

一、研究背景

1. 国家层面：加强新时代学校美育工作的必然诉求

美的创造伴随着人类文明发展的始终，是推动人类文明进步的动力源泉。美育可以提升人的自身价值和精神境界，美育的内容包含社会美、科学美、自然美和艺术美，而戏曲是包含文学、音乐、舞蹈、美术、杂技等各种因素的综合艺术。王耀华教授曾提到"中华民族的传统文化和音乐，自诞生时就深深附着在人文社会中，通过千年的发酵，早已深烙在中华民族每个人的骨子里，对民族团结、国家稳定起了重大作用"。① 为了全面落实党的教育方针和立德树人的根本任务，2017 年中共中央宣传部、教育部等多部委联合发布了《关于戏曲进校园的实施意见》，2020 年中共中央办公厅、国务院办公厅印发了《关于全面加强和改进新时代学校美育工作的意见》，2021 年教育部制定并印发了《中华优秀传统文化进中小学课程教材指南》，2022 年河南省委办公厅、河南省政府办公厅印发了《全面加强和改进新时代学校美育工作的实施方案》。实施文案明确指出将学校美育作为立德树人的重要载体，坚持弘扬社会主义核心

---

① 王耀华.中华文化为"母语"的音乐教育的意义及其展望 [J].音乐研究，1996(1):8-12.

价值观，强化中华优秀传统文化、革命文化、社会主义先进文化教育，引领学生树立正确的历史观、民族观、国家观、文化观，陶冶高尚情操，塑造美好心灵，增强文化自信。豫剧作为最有生命力的地方戏剧，曾以其优美的旋律、丰富的道德内涵在给河南乃至更多地方人民带来艺术享受的同时，也潜移默化地塑造了河南人民注重孝道、好善恶恶的道德价值观和审美心理积淀。

然而，改革开放以来，随着思想解放和中外经济文化交流的加深，人们对国外艺术的接受度逐渐提高，艺术的多样化打破豫剧曾经在河南独占鳌头的局面而逐渐式微，听、唱豫剧几乎成为老年人的符号；再加上文化市场的商业化裹挟，年轻人在审美趣味上走向了"以洋为尊""以洋为美""唯洋是从"的另一极端。这种"绝对没有前途"的错误审美追求的忧思，使年轻人对中华优秀传统文化有一种"排斥"心理。同时，在快节奏的现代社会，戏曲市场也出现一种"淡化"现象，作为青少年接受豫剧重要渠道的中小学音乐课堂，也因受制于"环境"及校本课程资源开发和利用滞后的影响，常常出现老师不知道"怎么教"和学生不知道"怎么学"的困境。

基于此，从事音乐教学的教育工作者要自觉承担传承弘扬民族艺术、挖掘戏曲课程资源、弥补教材之缺、培养青少年热爱民族艺术的正确审美追求的责任。相关院校应指导中小学课程教材系统、完善课程设置，在中小学阶段逐步完善、丰富相关艺术课程，在开好音乐、美术、书法课程的基础上，逐步开设舞蹈、戏剧、影视等艺术课程，因为音乐可以传递信念和勇气，中华优秀传统文化更是博大精深、源远流长，为中华民族生生不息、发展壮大提供了丰富的营养和沃土，使中华文明绵延几千年而未曾中断。作为中华优秀传统文化的典型代表之一的豫剧文化，记录和承载着民风、民俗以及民族音乐文化传统。中小学作为培养青少年审美意识的重要场所，理应责无旁贷地肩负起传承优秀音乐类非物质文化遗产的重任。戏曲进校园在经历了几年的推动与发展之后，已然进入了传承瓶颈期。

2. 学校层面：提高音乐教师开发课程资源能力的实然追求

新的时代背景和教育形势对现代教师的专业发展及能力提出了严峻的挑战和更高的要求，地方课程开发的主力军仍然是教师。地方课程能否开发、开发质量如何，与教师对课程开发的认识息息相关。[①] 陈琴在其《论教师专业化》中指出："教师专业化是指教师成为专业人员，教师职业真正成为一个专业并能得到社会承认这一发展结果。"[②] 朱旭东强调教师专业发展包括教师精神、知识和能力，[③] 从教师专业能力发展过程来看，不同阶段，教师成长的内容和侧重点是不同的，教师运用经验、数据、证据、理论、概念等条件实现教会学生学习。教师的能力素养是进行教育活动、完成教育任务的重要保证，而课程资源开发能力也是教师专业发展的一个指标体现。

然而，受应试教育的影响，长期以来，学校和教师完全执

---

① 辜伟节.略论地方课程开发的基本思路 [J]. 教育发展研究 ,2002(11):50-53.
② 陈琴，庞丽娟，许晓晖. 论教师专业化 [J]. 教育理论与实践 ,2002(1):38-42.
③ 朱旭东. 论教师专业发展的理论模型建构 [J]. 教育研究 ,2014,35(6):81-90.

行指令性的课程计划，缺乏课程意识，无论是在师范生教育培养计划中，还是在教师的职业培训中，教育理论、教育方法、新课程改革以及核心素养等被多次提及，而真正技术层面的培养则是少之又少。不少教师甚至不知"课程"这一概念，教师教学局限于单薄的课本知识，教材占据教学的全部内容。当前，"没有资源可以利用"是当前中小学音乐教师似乎遇到的普遍问题，因为对当前课程资源认知存在误区，也出现了部分课程资源利用低效性现象，造成了课程资源的浪费与流失，更湮没了一线戏剧教育的审美性和育人教化作用的发挥，使教师专业发展的更高层次上的机制缺乏理论掌握和塑造。[①] 教师戏曲素养不足必然会导致其课堂魅力的缺失，学生学习兴趣下降，戏曲艺术的熏陶教化作用更是无从发挥，在戏曲的表现力上就会存在不足，也不能在教学时很好地吸引学生的眼球，引起学生的兴趣。另外，在中华优秀传统文化的教学地位得到进一步明确时，教材中的戏曲文化成分虽然占了一定的比例，但是由于没有整合，没有二次开发，也很难适应戏曲的音乐课堂教学。

基于此，为了加强戏曲教学的普适性，只有促进教师高质量发展，提高教师专业发展能力，才能支撑高质量的音乐教学，加大音乐教材的二次开发力度。中共中央办公厅在《关于实施中华优秀传统文化传承发展工程的意见》中强调文化是中华民族生生不息的血脉源泉，是最强大的软实力，是一个国家最持久、

---

① 向葵花.小学数学课程资源开发与利用中存在的问题及对策 [J]. 当代教育论坛 ,2005(2):111-112.

最强大、最深层的精神动力，为中小学音乐教师提供了专业发展空间。同时，随着当前网络的迅猛发展，教师要有更高的专业水平和更强的课程资源开发意识，如此才能获得长足发展。

3. 学生层面：丰富中小学校本课程资源的应然需求

音乐作为人文学科领域的重要课程，旨在培养学生的音乐基础知识和音乐基本技能，此外，还要培养其感受能力和表演能力，因为二者是学生终身发展的必备品格和关键能力，是其他任何课程无法替代的。冯巍巍在《音乐核心素养的特征与培养》中提到，音乐核心素养培养的过程，是音乐基础知识和不断积累、音乐能力逐渐加强、音乐情感不断升华的过程，[①] 也就是说，音乐核心素养是音乐知识、能力、意识和情感的综合反映。而豫剧课程资源与音乐课程存在着十分密切的关系。吴刚平曾指出，没有课程资源，也就没有课程而言。[②] 豫剧课程资源既是戏曲课程的外延范围，也是音乐课程的外延范围。豫剧课程资源的开发与利用也是保证音乐新课程实施的基本条件。地方学校的音乐教育应结合地方的民族文化传统和人文地理环境，开发具有地方特色的音乐课程资源，以此来丰富地方学校本课程资源。

然而，在音乐教学现场却出现忽视豫剧课程资源中蕴藏的价值现象。其一，在实际豫剧教学中，豫剧教学流于形式，浮

① 冯巍巍. 音乐核心素养的特征与培养 [J]. 课程. 教材. 教法, 2016, 36(12): 9-13.

② 吴刚平. 课程资源的理论构想 [J]. 教育研究, 2001(9): 59-63+71.

于表面，只注重音腔、常识、技巧等基础知识性内容，而忽视了豫剧课程资源中蕴藏的想象、情感，极大地漠视了戏曲艺术的审美性与人文性，中小学老师怕上戏曲课、学生"不愿"上戏曲课的现象凸显。为了落实多部委印发的关于戏曲进校园的文件精神，河南省也采取了相应的戏曲进校园活动安排，但是在具体的实践过程中，戏曲进校园并不代表戏曲进课堂。为什么会出现这种现象？仅仅是因为老师的戏曲素养不够还是因为流行音乐占据市场？作为长期在一线教学的音乐教师，笔者认为，课程资源的缺乏、资源的单一性、教师的意识态度、教学环境的营造都可以影响豫剧课堂教学质量。其二，违背学生认知发展规律，戏曲教学难度过高。中小学现行音乐教材中的豫剧内容难度偏高，在教材的编写上深受专业音乐院校的影响，在语言表述、内容安排上表现出过于专业化的倾向，严重超出了中小学阶段学生实际接受能力。在整个基础音乐教育过程中缺乏连续性和科学性，知识点分割、重复，豫剧教学更是缺乏系统性，豫剧课堂质量下滑。

基于以上所述，我们要明确，中小学音乐教育的基本目的在于通过创设轻松愉快的氛围，陶冶学生的精神世界，实现美育的价值旨归。对于中小学阶段的学生来说，过于专业性的音乐戏曲知识让学生很难理解，轻视了学生的感性认识与情感体验，没有整合和开发课程资源的意识，忽略教学过程中的愉悦感受。这种具有专业化倾向的教学模式实际上已经与我们美育的初衷相背离。而豫剧校本课程资源的开发将成为河南地方戏曲开发、加强中小学生对传统文化认知、增强民族认同和民族自信的新出路。

只有发现"真问题"，开展"真研究"，才能取得真效果。

本书将在广泛的实证调研基础上，分析豫剧校本课程资源的开发和利用中存在的具体问题及其成因，有针对性地提出中小学有效开发豫剧校本课程资源的对策与建议。通过豫剧校本课程资源开发，为课堂注入新的活力，让豫剧资源更加丰富，让课堂教学不再局限于教材上的有限资源，提倡跨学科融合等。

二、　研究问题

本书以"中小学豫剧校本课程资源开发研究"为主标题，从中可以提取"豫剧""校本课程资源""校本课程资源开发"三个核心问题。针对以上三个核心问题，聚焦当前在河南省中小学豫剧课程资源开发过程中，开发者缺乏系统的资源整合和开发能力以及缺乏主体开发意识和行为的现实问题。教师、学生、家庭、学校、社区在开发豫剧校本课程资源过程中应该是主动的建构者和实施者。同时，豫剧校本课程资源开发是一个集理论、实践于一体的系统工程，需要通过扎实的理论基础、有效的技术手段和实证研究加以解决。因此，应从对豫剧课程资源开发的研究入手，深入研究豫剧课程资源开发的认知能力、开发能力和应用能力的问题，尝试解决如何把潜在的豫剧资源转化校本课程资源。由此可见，从对开发内容研究入手，深入研究豫剧校本课程资源的开发利用问题，特别是如何开发和有效利用豫剧校本课程资源的，基于中小学开发豫剧校本课程资源的理论和实践问题，具体包括以下子问题：

第一，豫剧校本课程资源的内涵和构成是什么，即"是什么"

的本体性问题。

第二，豫剧校本课程资源开发总体现状如何，即"是为什么"的前提性问题。

第三，豫剧校本课程资源开发思路和维度模型如何建构，即"是怎么样"的机理性问题。

第四，豫剧校本课程资源开发的路径如何设计，即"是怎么办"的策略性问题。

结合对上述问题的讨论，笔者尝试对豫剧校本课程资源开发的宏观理念、维度模型、开发路径提出普适性的优化建议，以期在多重理论和实践探索的结合中探寻有效的豫剧校本课程资源开发的优化路径。

第二节　研究意义

一、理论意义

推进豫剧校本课程资源开发的理论研究、思路、模型建构以及路径设计，能为校本课程资源开发提供理论借鉴。

中共中央办公厅、国务院办公厅印发的《关于实施中华优秀传统文化传承发展工程的意见》中指出："构建合理的适应时代的教材体系是极其重要的，着力加强文化自信的建设意识，挖掘优秀文化，并且合理开发，激发文化活力，使其文化快速融入课堂之中。"随着三级课程管理体系的实施和深入，以中华优秀传统文化为核心内容的校本课程资源开发有利于树立民族文化自信和"非遗"文化的传承。豫剧在 2006 年被国务院列入第一批国家级非物质文化遗产名录，与京剧、越剧同为"中国戏曲三鼎甲"，堪称国粹，音乐教育工作者有责任、有义务还要想办法让孩子们去继承和发扬。

笔者期望通过豫剧校本课程资源开发的理论研究和思路、模型构建，构建起中华优秀传统戏曲文化与校本课程开发之间的桥梁，从全球化的视角诠释豫剧的现代价值内涵，有助于推动豫剧在保持传统神韵和本质特征的同时，结合时代审美的变化而不断创新，并寻找可行且合理的方式方法，丰富音乐校本课程开发的理论研究。

二、实践意义

探索豫剧校本课程资源开发的具体实践路径，能为中小学音乐教师提升豫剧校本资源开发利用的主体意识和实践能力提供具体方法和路径参考。

为中小学开发豫剧校本课程资源提供方法、对策、建议，有助于丰富学校校本课程资源。最新出台的课程标准，对中小学的学业要求是"能听辨中外有代表性的民族民间音乐和不同风格流派的优秀创作音乐……能辨别我国有代表性的剧种、曲艺和舞蹈"。豫剧作为一种河南地方戏，其覆盖范围涉及山东、河北、山西等地，可谓中国戏剧的代表。河南省运用的人音版、人教版、湘教版等音乐教材中虽然有河南地方戏曲的部分内容，但是内容非常有限，是国家教材中的知识空缺。面对这个问题，豫剧校本课程资源的开发恰恰能胜任此任务。加强当地戏剧的传播和学习，可以使得音乐教学趋于完整性。豫剧校本课程资源的开发，不但满足义务教育艺术课程标准对中小学音乐教育的相关要求，也为中小学开发豫剧校本课程资源提供方法、对策建议，有助于提升中小学音乐教师承担豫剧校本课程资源开发利用的主体意识和实践能力。

第三节　文献综述

本书关注的是中小学音乐教师开发豫剧校本课程资源的理论与实践问题。此类研究通常涉及 what、why、who 以及 how，即"什么是课程资源和音乐课程资源""为什么要开发和利用豫剧校本课程资源""谁来开发豫剧校本课程资源""如何开发豫剧校本课程资源"等方面，本书亦依据此框架展开国内外文献综述。

一、国内相关研究

"五四"以来，我国传统文化受西方文化的冲击，文化传统在某种程度上受到了影响，在人们心中的中华优秀传统文化好像有点"淡化"了，为了承扬创新、接续传统，"文化自信"被提上日程。如何在现代化进程中保持民族文化的自觉和主体性是费孝通思想的一贯主题。费孝通的"文化主体性"在 20 世纪 40 年代表征为中国文化在面对西方工业化浪潮时的艰难抉择，形成了费孝通式的充满矛盾情感的自由主义文化观。[①] 有学

---

① 李友梅. 文化主体性及其困境：费孝通文化观的社会学分析 [J]. 社会学研究，
    2010,25(4):2-19+243.

者在《中国音乐文化发展主体性危机的思考》中提到，如果西方音乐"话语系统"的有限性不经过主体文化的检验比较，其意义弄不清，本土音乐话语系统就很难保持独立意义，由此只能次属西方，不能维护主体的平等地位，也就会失去自我发展的考虑。[①] 促进本土音乐与世界对话，最重要的是让中国传统音乐与外界交流。文化主体性是文化传承创新的前提，中华优秀传统文化可以为认识和改造世界提供智慧启迪，为治国理政提供有益启发，为道德建设提供有益帮助。

1. "课程资源"相关研究

就课程资源而言，从论文发表年度趋势来看，从 2002 年开始，有关课程资源的研究文献大量出现，呈现不断攀升趋势。这说明更多的学者在关注课程资源的研究，课程资源意识不断强化，逐步改变只把教材作为唯一课程资源的倾向，树立新的课程资源观。这也为本书提供了丰富的资源，如图 1-1 所示。

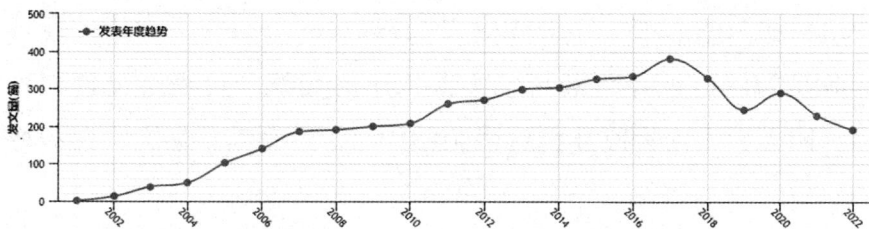

图 1-1　课程资源研究现状图

---

① 管建华 . 中国音乐文化发展主体性危机的思考 [J]. 音乐研究 ,1995（4）:31.

从主题分布来看，主要围绕课程资源、开发和利用、教学改革、教学内容、教学资源、网络课程资源、课程改革等主题展开研究，其中课程资源的相关论文占比最高，也充分说明研究课程资源的重要性，启发研究者在下一步的豫剧课程资源及豫剧课程资源开发方面继续深入和加强，如图 1-2 所示。

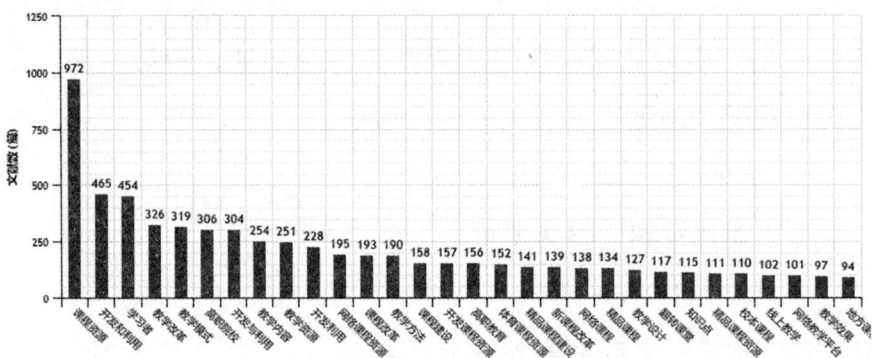

图 1-2 课程资源主题分析图

就课程资源内涵而言，研究者从不同视角进行了相关研究。从概念框架上，顾明远在《教育大词典》中提出了一个与课程资源相类似的一个概念，即教育资源，指"教育过程中所占用、使用和消耗的人力、物力和财力的综合"[①]。有学者指出，课程资源是为课程设计、编制、实施和评价等整个过程中可资利用的一切人力、物力以及自然资源的综合。[②] 吴刚平认为，课程资

---

① 刘旭东，张宁娟，马力．校本课程与课程资源开发 [M].中国人事出版社，2002(4)：137.

② 徐继存，段兆兵，陈琼．论课程资源及其开发与利用 [J].学科教育，2002，(2)：1-5+26.

源有广义和狭义之说，从广义来说，指有利于实现课程目标的所有因素，从狭义来说，是指形成课程的直接因素来源。[①] 从概念上也可以看出，课程资源具有多样性特点，既可以来自自然界，也可以来自社会，既可以来自校外，也可以来自校内，既有人力的，也有物力的。多种多样的资源给我们提供了广阔的资源开发空间。

综上，课程资源是人才培养的施工图，课程资源是课程的基础。徐继存认为，课程资源是课程设计、课程实施和课程评价等整个课程编制过程中可以利用的一切人力、物力以及自然资源的总和，[②] 包括教材及学校、家庭和社会中所有有助于提高学生素质的各种资源总和。[③]

就课程资源分类而言，每位学者基于不同视角进行分类。因划分标准不同，课程资源可以划分为不同的类型，吴刚平从三个角度对课程资源进行分类：一是从功能角度将课程资源分为条件性资源和素材性资源两大类；二是从空间角度将课程资源分为校内课程资源和校外课程资源；三是从状态角度将课程资源分为社会资源和自然资源，以及其他划分。[④] 按照徐继存、段兆兵、陈琼的划分策略，课程资源从来源角度上分为校外和校内两类；课程资源按性质分为社会课程资源和自然课程资源

---

① 廖辉.多元文化背景中的课程资源开发 [J].民族教育研究,2005(2):16-67.

② 施良方.课程理论：课程的基础、原理与问题 [M].北京：教育科学出版社,1996:23.

③ 徐继存.论课程资源及其开发利用 [J].课程与教学论坛,2002（2）:1-2.

④ 吴刚平.课程资源论 [M].北京师范大学出版社,2014:31.

两大类；从存在方式的角度出发，课程资源分为显性课程资源与隐性课程资源两类。[①]课程资源的分类具有多样性、丰富性，可形成多元的开发模式。

就豫剧校本课程资源而言，在知网和维普资讯平台上，关于豫剧校本课程资源的文献综述几乎没有，关于豫剧文化资源的文章从 2014 至 2023 年之间只有 1 篇，主要阐述生态环境失衡、传承人难觅和消费市场萎缩等豫剧文化资源及其继承发展研究。但是关于河南豫剧方面的文献从 2010 至 2022 年的总体趋势来看是明显提升的，主要涉及豫剧溯源、豫剧唱腔、豫剧文化传承、豫剧发展现状与展望等。但 10 多年来也仅有 85 篇，这说明关于豫剧文化方面的研究相对匮乏，提升研究的空间比较，亟待关注。

综上，目前对课程资源的界定主要是从课程目标、目的、实施教学活动等不同视角以实现课程目标和课程计划需要为出发点。豫剧校本课程资源属于音乐校本课程资源范畴，音乐校本课程资源开发就是对构成音乐校本课程的校内资源和校外资源素进行开发。因此，豫剧校本课程资源开发也成为音乐校本课程资源开发过程中的一个重要环节。为了帮助师生理解，本书从音乐学科视角、学生需求视角以及师生的把握度出发，将豫剧校本课程资源分为校内课程资源和校外课程资源两类。

---

① 徐继存，段兆兵，陈琼.论课程资源及其开发与利用 [J].学科教育,2002,(2)：1-5+26.

2."校本课程资源开发"相关研究

从 2004 至 2022 年关于"课程资源开发"的研究明显提高，特别是 2019 年以来，此方面的研究突飞猛进，说明这几年教育领域的研究者的课程意识逐渐增强，已经认识到校本课程资源的教育教学价值，如图 1-3 所示。

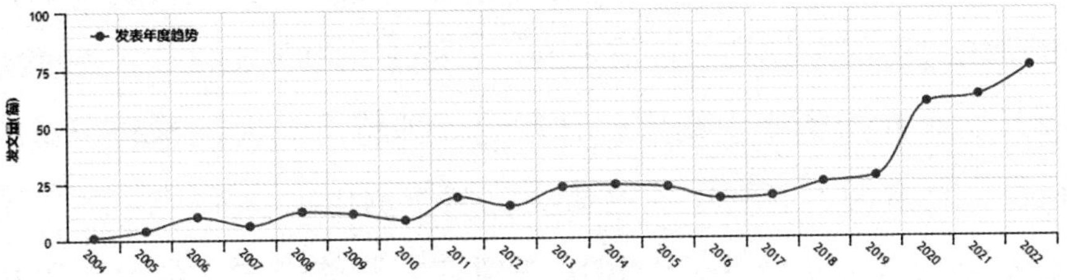

图 1-3 课程资源开发研究现状图

从主题分布来看，如图 1-4 所示，当前研究主要围绕学前教育、乡土文化、研学旅行、校本课程资源等主题，关于戏曲课程资源开发很少，为笔者研究提供了空间。

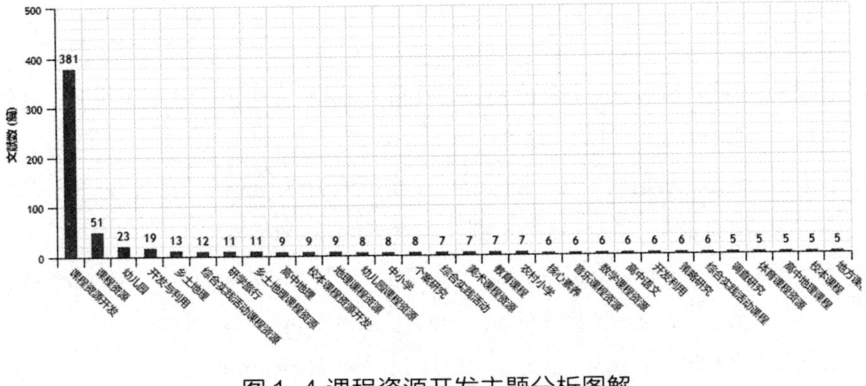

图 1-4 课程资源开发主题分析图解

就校本课程资源开发的价值而言，在课程资源的价值功能研究上，本－佩雷茨（M.Ben-Peretz）（1975）创造了"课程潜能"概念来指课程资源的特性。[①] 迈克尔·康纳利——等进一步认为，课程资源潜能的实际效果完全掌握在教师手中。[②] 有学者从课程改革的条件角度提出课程资源是影响课程改革实施的一个重要因素，认为在课程实施中，只有可用的课程资源充分，才不至于影响课程方案的实施。[③] 有学者从学习共同体建构的角度论述课程资源开发的价值意义。[④] 霍正在祖传文化校本课程资源开发研究与实践中提到，甘肃有其独特的地理位置和丰富的祖传文化资源，有利于非物质文化遗产的传承和保护， 目的是为促进优秀人才培养，弘扬民族精神。总体来看，学界一致认为课程资源的价值功能在于助推课程实施，有利于实现课程目标的一切资源都应该被纳入课程资源范畴。

如上文"概念界定"中所讲，"校本课程开发"一词最先由菲吕马克和麦克米伦等人提出并加以阐释。[⑤] 随着素养时代的到来和我国基础教育课程体系建设的深入，校本课程成为学校

① Ben-Peretz M. The concept of curriculum potential[J]. Curriculum Theory Network, 1975, 5(2): 151-159.

② [加]迈克尔.康纳利，琼.克兰迪宁.教师成为课程研究者：经验叙事 [M]. 刘良华，邝红军，等译.杭州：浙江教育出版社,2004：160.

③ Nias J, Southworth G, Campbell P. Whole school curriculum development in the primary school[M]. Routledge, 2005.

④ Bransford J, Brown A J, & Cocking R. How people learn: Brain, Mind, Experience and School[M].Washington D C: National Academy Publisher,1999.

⑤ 张嘉育在.学校本位课程发展 [M].台北：台湾师大书苑有限公司 ,1999:113.

层面建构课程资源、完善和发展课程体系的主要内容。校本课程的出现不仅仅是对校本资源的重视，更加体现出国家课程体系不断探索和创新，是课程决策权力的再分配和以人为本教育理念的体现。例如，有研究者指出，开发有特色的校本课程、优化教学设计和课程体系，是学校加强内涵建设、推动义务教育高质量发展的主要手段。[①] 从课程实施的角度看，根据其区域、民族、学生特点开发利用本地区、学校、学生适合的校本课程资源，有助于国家课程的校本化处理。[②] 傅建明指出，校本课程实质是以人为本，以学生为主，满足学生的发展。[③]

综上，校本课程资源能否发挥其特有的价值和作用，关键还要考虑课程资源科学选择和设计，由此要依据一定的原则对课程资源进行科学合理的选择、组织和设计，发挥课程资源的作用。在校本课程资源开发原则方面，徐玉珍指出，校本课程开发是一个持续的动态融合过程，而非一次性完成。它需要在不断的开发中找到不足，是将动态的课程不断地完整化。校本课程资源开发如果能在国家课程标准的具体的框架内实施，将更有意义。

就校本课程资源开发路径而言，路径是将理论付诸实践的策略行动方案，是理论通向实践的桥梁。有学者认为，学科课程资源开发的重心是资源的开发与利用，切实提高学科课程教

---

① 师欢欢，后慧宏 . 义务教育高质量发展的学校内涵建设向度 [J]. 当代教育论坛 ,2022(9):1-10.

② 马云鹏 . 课程实施探索：小学数学课程实施的个案研究 [M]. 长春：东北师范大学出版社 ,2001.34.

③ 傅建明 . 校本课程开发中的教师与校长 [M]. 广州广东教育出版社 ,2003:53.

学质量和效果是值得深入探讨的问题。① 所谓课程资源的开发，实质上就是探寻一切有可能进入课程、能够与教育教学活动联系起来的资源。② 有学者提到，课程资源的开发与利用应遵循开放性、经济性、针对性和个性原则。③ 有学者根据课程资源开发的实际需要和具体条件等因素，把课程资源的开发策略划分为四种，即需求导向策略、增强特性策略、因地制宜策略以及全员参与策略。④ 有学者从资源整合的角度，采取五种策略进行课程资源开发，包括资源整合、资源更新、资源共享、校本开发和理论架构。⑤

就校本课程资源开发原则而言，学界已提出不同的开发原则，例如，有学者提到优先性、适应性等原则，有学者提到开放性、经济性、针对性等原则，有学者提到因地制宜、开放性、贯彻高效性、落实特色性等原则。

就课程资源开发利用效果评判而言，相关研究研究相对较少，有少数几篇硕士论文探讨了课程资源利用水平的评价问题：有的

① 段兆兵等 . 课程资源开发与利用—原理与策略 [M]. 安徽师范大学出版社 2011（3）:195.

② 徐继存，段兆兵，陈琼 . 论课程资源及其开发与利用 [J]. 学科教育 ,2002,(2):1-5+26.

③ 徐继存，段兆兵，陈琼 . 论课程资源及其开发与利用 [J]. 学科教育 ,2002,(2):1-5+26.

④ 唐云富 . 论课程资源的类型与开发策略 [J]. 当代教育科学 ,2006,(01):24-27.

⑤ 张廷凯 . 校本课程资源开发的整合策略和案例分析 [J]. 教育科学研究 ,2007,(01):37-40.

主张从教学目标、内容、对象、条件等方面探讨优化课程资源要素；有的认为可以从课程、教师、学生三个维度评价课程资源是否与课程目标和课程内容符合，师生所利用的课程资源是否符合教师的教学风格、教学能力、专业发展和个人精力，是否符合学生的身心特点、发展规律等。但这些研究并没有完全建构可用于实际测量的评价标准体系。有学者尝试建构了一种包含"三维度、七要点"的开发水平评价模型。作为一线教师，课程资源开发的效果到底如何评判，目前暂无有力的证据和切实的实践材料支撑。事实证明，不管是从课程资源理论的宏观角度，还是从课程资源有效利用的微观角度来看，都关注开发者的应用和能力问题。

综上所述，课程资源开发的方式方法是多元的，多元的开发策略为我们提供借鉴的机会，但对许多教师和学校而言，特别是中小学音乐教师，在开发学科课程资源方面仍面临着一些困难和挑战，需要必要的策略指导。

就校本课程资源开发主体而言，有的教师一直处于与课程开发似乎毫无关系的状态，尤其是中小学教师往往缺乏校本课程开发的主体意识和积极性，这也是我国课程开发的真实现状。[①] 实际上，课程开发主体具有多元化的特性。校本课程开发是以学校为中心并相邀众多有关人士共同协商的民主活动。[②] 教育部门、学校和教师等课程主体应协同运用理念培育、文化融合和制度创新三大策略，推进学校课程建设的自觉表达，尤

---

① 傅建明.校本课程开发中的教师与校长 [M].广州：广东教育出版社,2003:37.

② 崔允漷.校本课程开发理论与实践 [M].北京：北京教育科学出版社,2000:48.

其是学校和教师应寻求课程建设的自觉表达方式和提升自觉意识与创新能力，彰显课程建设的主体性、规范性和创生性。[①]

综上，在校本课程资源开发与利用方面，中小学教师缺乏主体意识和民主协商，缺乏校本课程资源开发与利用的实施路径和表达方式。

3. 有关"戏曲课程资源开发"的文献综述

有关"戏曲课程资源开发"的研究现状，依照可视化计量分析可以看出，戏曲课程资源的文献虽然相对较少，但是呈上升趋势。关于戏曲课程资源开发的研究整体趋于上升趋势，2018 年到达了一定高度，2019 年回落，2020 年开始又逐步上升，这说明对中华优秀传统文化特别是戏曲文化的关注度逐年提升，如图 1-5 所示。

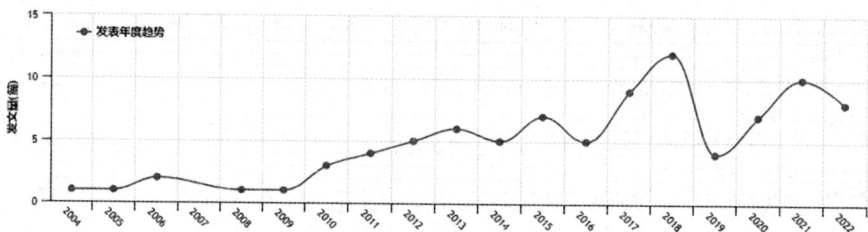

图 1-5 戏曲课程资源开发研究现状图

从主题分布来看，音乐教师、音乐课程资源、戏曲艺术、戏曲教学、地方戏曲等主题比较多。为贯彻落实党和国家关于支持戏曲传承发展若干政策的通知精神，中宣部、文化和旅游部、教

---

① 贾建国，张蓁.学校课程建设自觉表达的内涵、困境与路径 [J].教学与管理,2019(28):31-34.

育部等部门联合出台了《关于新形势下加强戏曲教育工作的意见》，目的是从"娃娃抓起"，加强学校戏曲专业人才培养，夯实戏曲艺术传承发展基础，健全学校教育与社会团体相结合的人才培养体系。戏曲课程资源开发的着眼点主要是学生德育、学科课程以及娱乐文艺活动。近几年在戏曲课程资源研究方面趋于"慢热"的态势无形中给笔者倾注了一定的信心和力量，如图 1-6 所示。

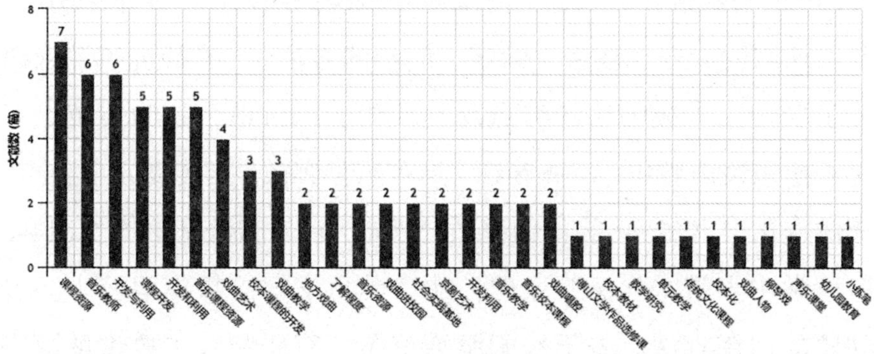

图 1-6 戏曲课程资源主题分析图

就豫剧历史资源研究而言，笔者发现关于豫剧的发展历史研究较多。豫剧又称"河南梆子"，现有关于"河南梆子"和"豫剧"的相关研究，大多聚焦于豫剧特征的学理性研究和豫剧溯源与传承发展等历史梳理。对河南地方戏的校本课程研究非常少。[①]有学者对河南豫剧进行了溯源研究，认为河洛文化具有农业文化的特点，是戏曲和豫剧之根。豫剧体现了河洛文化的核心是对中原文化的传承。[②]有学者论述了豫剧的现代发展，认为

① 纪俊娟.河南豫剧溯源与发展探究 [J].戏曲艺术,2008(3):41-43.

② 何玉人.文化豫剧中的河南豫剧 [J].东方艺术,2005:83.

文人作家的参与为豫剧输入了新鲜血液，使豫剧成为中国当代戏曲发展的组成部分。①

就豫剧内容研究方面而言，主要集中在唱腔声腔、服饰审美以及现代观众的审美三个方面。关于豫剧唱腔声腔方面的研究，有研究从豫剧风格、唱腔与旋律结构的角度去分析《黄河渔娘》的演唱风格：在风格上，采用了具有浓郁的河南地方戏曲韵味；在唱腔上，借鉴了河南豫剧甩腔的唱法；在旋律结构上，采用豫剧的滑音、波音、偷字、闪拍的方法。②有研究者深入研究了豫剧二本腔唱法的特点及其现代音乐价值，认为传统上多见于豫东调声腔中，声高音细，具有粗犷奔放、挺拔高亢之特点，板式变化丰富多彩，旋律曲调质朴明朗。它的唱法是根据生理学、解剖学中声带"弛振"原理，从审美角度解决男声唱腔中高音问题的训练方法。关于豫剧服饰审美，有研究者主要讲解豫剧的戏曲服装，豫剧服饰是舞台艺术中的一项重要的创作，是人物造型的一个重要组成部分。研究者认为河南豫剧的服饰以塑造人物形象为主，虽然有单一性和其他不足之处，但在一定程度上利于人物塑造。③就现代观众的审美而言，有研究者主要论述豫剧对观众审美的影响，观众的审美需求包括审美期待、审美联想、审美接受等方面。多年来，豫剧音乐的腔调、板式、伴奏、

---

① 韩丽霞 . 河南豫剧的现代发展 [J]. 河南教育学院学报 (哲学社会科学版),2012 (1):40-42.

② 王旭 . 河南豫剧风格民族声乐作品演唱研究 [D]. 武汉音乐学院 ,2015:13-16.

③ 顿蒙蒙 . 浅谈色彩在豫剧服饰中的功用及发展 [J]. 戏剧之家 ,2020(12):38.

曲牌等在河南老百姓心中已经形成基本的审美思维定式。由于观众长期生活在豫剧音乐的母语体系中，长期的审美积淀使他们已形成了对豫剧音乐语汇的认同、认知和期待。[①] 还有学者深入分析了当前中小学普遍存在的审美教育误区，认为中小学教师审美能力分裂片面、中小学校审美教育实践应付、中小学生家庭审美教育环境薄弱无力等是造成这种现象的重要原因，并提出校本课程资源开发和利用是提升中小学审美教育质量的有效策略。[②]

4. "课程资源开发模式"的相关研究

通过分析维普数据发现，关于课程资源方面的文献比较多，课程资源开发模式的文献涉及语、数、外、政、史、地、生、综合实践活动、网络课程资源等方面，有6篇，有关家校互动方面的文献就1篇，但是关于豫剧课程资源开发模式的相关研究没有。然而，关于网络课程资源开发模式相对较多，如 "二合一"的开发设计流程、"一体化"模式、"主讲教师—技术人员—管理者"模式、"目标导向网络课程开发模式""基于个别化学习的网络课程开发模式"等。这些文献强调运用工程化思想来规范课程开发流程。另外，调研过程中还发现，大多课程资源开发模式采用"学科组成员分工负责"模式、"学科组以某一人为主的开发"模式

---

① 陈国华.从观众的审美需求看豫剧观众的审美教育 [J].中州学刊,2006(3):252-254.

② 蒋新秀,田夏彪.中小学审美教育质量的提升策略探思 [J].教育与教学研究,2016 (8):110-113.

"学科组—智能开发工具"模式等，模式的单一和低效等现象导致开发出来的课程资源缺乏教育的价值性和教学设计的科学性。"专家任务分工的课程资源开发"模式虽然能够发挥专业人员的技术之长，但是没有实现教学人员、技术人员和教学设计人员之间的紧密合作。有研究者在虚拟现实（VR）一体机辅助下的课程资源开发模式及其实践中提到，借助 VR 一体机虚拟现实软硬件平台进行课程教学，不仅可以带给使用者高度的沉浸感，而且能够增进交互感，适度延伸课堂教学内容，促进学生有效学习。[①] 此研究基于敏捷课程开发理念，结合相关 VR 教学资源，建构包括准备、迭代设计、迭代开发三个阶段的 VR 一体机辅助下的课程开发模式。有研究者在黔东南民族地区中学物理课程资源开发模式中探析物理教学情景和案例开发途径，[②] 该研究内容主要涉及黔东南地区民族文化活动中的生活情景。有研究者研究关于如何设计开发优质网络课程资源已成为目前高教改革、推进教育信息化研究的热点课题。[③] 该研究首先界定了优质网络课程资源的内涵，指出目前高校网络课程资源建设中存在的主要问题，提出了基于专家任务分工的优质网络课程资源开发模式，详细阐述了该模式的设计思路、开发流程、注意事项等。这些对笔者的豫剧

---

① 陆吉健，沈晓媛.VR 一体机辅助下的课程资源开发模式及其实践：以小学"数学 VR 探险"课程为例 [J]. 教学月刊小学版（数学），2021,(12):37-40.

② 杨世玲，向功周，陈卫发 . 黔东南民族地区中学物理课程资源开发模式探析 [J]. 凯里学院学报，2016,34(3):174-176.

③ 王承博，刘瑞儒 . 基于专家任务分工的高校优质网络课程资源开发模式研究 [J]. 电化教育研究，2012,33(9):96-100.

课程资源开发模式的构建提供了借鉴思路。

归根结底，如何构建长效的教学资源开发机制，成为资源库长期建设与应用的一个重点，但课程资源开发模式还存在缺陷。一方面，部分教师完全按照学校的教学计划、教学文本来执行教学任务，课程意识淡薄；另一方面，课程资源开发模式和模型虽然各不相同，但是模式、模型低效，以至于迁移到豫剧课程资源开发上来，还需要继续优化和科学建构。

5. "课程资源开发模型"相关研究

通过维普、知网等平台梳理分析发现，关于课程资源开发维度模型并不多，资源开发模型 1 篇，有关课程资源的管理模型以及其结构模型各 1 篇。但关于课程资源应用研究、开发策略和案例分析等文献相对较多。

就课程资源的结构模型而言，李长征在"基于 OBE 理念的精品在线开放课程资源结构模型研究"中提到，基于 OBE 理念与建设性后现代哲学的指示引导下，构建了一个基于 OBE 理念的精品在线开放课程资源结构模型，而且还能在现实生活中发展许多实际课程应用；有学者在基于"瀑布模型"思想的网络课程设计与资源开发模型中提到，网络课程开发的持续性以及网络课程开发模型相关研究表明，基于"瀑布模型"思想的网络课程设计与资源开发模型，有效结合了课程开发方法和软件工程的方法，[①]

---

① 张进宝，李松，马江舰.基于"瀑布模型"思想的网络课程设计与资源开发模型 [J]. 现代远程教育研究 ,2010,(1):64–67+80.

该模型是开发网络课程的一个行之有效的工程模型；有研究者就目前网络课程资源存在涣散、冗余大、交互性差的实际现状，对基于本体的课程管理资源模型进行了研究；[①] 有研究者以数据结构课程为例，对课程资源进行有效开发和管理；有学者对开放课程资源支持系统进行专题研究，开发一个具有自主性、主动性、反应性、创造性、面向目标的资源支持等特点的 OCRSS 应用原型，[②] 是支持教师个性化的课程建设和众多个性课程资源的有机组织，支持学习者面向目标的自主学习、智能推理与决策指导。

总的来说，关于课程资源的开发模型方面的文献尚少，主要集中在网络和软件课程资源方面，相关戏曲类和豫剧课程资源的文献研究较少。笔者认为豫剧校本课程资源开发的微观模型可借力其他课程开发模型，借他人之长，豫剧校本课程资源开发维度模型不仅仅要体现模型的结构化和图形化，更要在相应位置上安排课程建设的核心要素。关于豫剧课程资源开发方面的研究，目前还没有发现，作为一线的教育工作者也想填补这个空白。豫剧在河南地域文化和风土人情的滋养下，其发展可谓多姿多彩，形成了具有地方特色的本土豫剧艺术风貌，将唱腔、音乐、表演、舞美等注入课程资源的新鲜血液中，为全面推动了豫剧艺术的革新和发展做出贡献。

---

① 王娟 . 基于领域本体的课程资源管理模型研究 [J]. 计算机光盘软件与应用 ,2014,17(8):208-209.

② 孙淮宁 . 开放课程资源支持系统模型研究与实现 [J]. 安庆师范学院学报 (自然科学版),2003,(1):104-106.

二、国外相关研究

1."课程资源"相关研究

在课程资源概念方面,托斯顿·胡森 (Torsten Husen) 和纳维尔·波斯特尔斯威特 (T.Neville Postlethwaite) 主编的《国际教育百科全书》中,将课程资源分为目标资源、教学活动资源、组织教学活动的资源、制定评估方案的资源。[①]泰勒 (Ralph W.Tyler) 从现代学校教育的角度,提出了课程计划的三种来源,即对学习者本身的研究、对校外当代生活的研究、学科专家的建议。[②]坦纳夫妇（Daniel Tanner&Laurel N.Tanner）从社会、知识世界与学习者的本质的角度也对课程来源进行了探讨。[③]

对于海外课程资源方面的相关研究,从总体趋势分析来看,2018 至 2020 年有关课程资源方面的研究达到一定的高度,关注度相对较高,相对集中在乡土课程资源、课程资源内涵与有效开发、STEM 课程资源、微视频课程资源等方面。通过对国外课程资源文献梳理梳理发现,关于戏曲课程资源方面少之又少,如图 1-7 所示。

① 江山野.简明国际教育百科全书·课程 [M]. 北京:教育科学出版社,1991: 112.

② Ralph W. Tyler. Basic Principles of Curri-culum and Instruction [M]. Chicago and London: the University of Chicago Press,1949.5.

③ Tanner D, Tanner L N. Curriculum development: Theory into practice[M]. Macmillan; Collier-Macmillan, 1975.

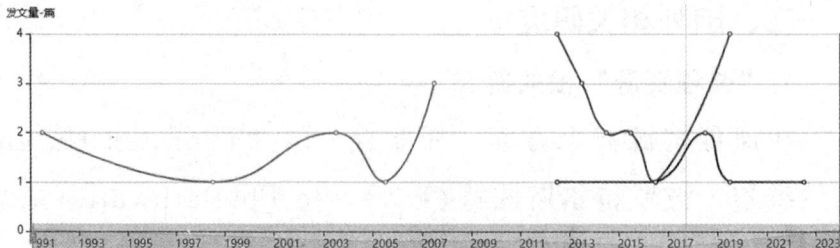

图 1-7 国外课程资源研究趋势分析图

就课程资源使用而言，不同的国家有不同的做法。传统的美国政府教科书价格昂贵，高昂的教科书成本以各种方式对学生产生负面影响，往往还不受学生欢迎。新技术和开放教育资源（OERs）开启了变革的潜力，但质量问题始终存在。[①]2001 年，美国麻省理工学院（MIT）率先将课课程资源置于互联网的服务器中，公众可以免费下载，开展课程教学资源共享。以此为契机，美国高校乃至全世界高校纷纷加入此行列，通过互联网共享部分课程资源。开放、共享的理念已成为互联网的主导，教育资源共享的对象已经从单一的课件、讲义等内容性质资源发展到如今的有关教学方法、教学技巧等技术性资源。[②] 学习戏剧的经验和技巧放在课堂中，以讲故事的表演为高潮学生将计划、排练和表演。（多萝西·希斯科特）是教育戏剧的先驱，她认为戏剧可以"带

---

① Allen, I Elaine, and Jeff Seaman. 2014. "Opening the Curriculum: Open Educational Resources in U.S. Higher Education, 2014." http://files.eric.ed.gov/fulltext/ED572730.pdf.

② Li Deqiang. Open sharing and research status of high-quality curriculum teaching resources at home and abroad [J]. Science and Education Guide, 2017 (4): 7.

出孩子们已经知道但还不知道的东西"，路易斯·萨奇尔（Louis Sachar）为了提高戏剧的体验质量，聚焦于特定时刻与反射片段，学生可以通过与他们自己的生活和整个人类体验联系起来，把生活和体验作为他们学校的课程资源，[①] 注重学生的生活经验和个人体验。

就课程资源类别而言，在线课程资源的关键成功因素中，研究者使用多个案例研究来评估关于在线课程资源关键成功因素的假设。[②] 该研究主要讨论了教育媒体的演变以及导致使用这些资源的方法，但是任何在线资源都有不利的因素；温尼茨基·斯蒂芬斯（Winitzky Stephens J R）皮卡万斯（Pickavance J.）在"开放教育资源和学生课程成果：多层次分析"一文中，特别阐述了美国盐湖社区学院（SLCC）是美国犹他州最大的面向社会公开的招生学院，它关注与获得学位相关的费用。[③] 该研究主要关注开放教育资源（OER）与办学成本和 OER 对学生成功的三个衡量标准的影响。冈本（Okamoto K.）是学术图书馆作为开放获取教科书和教育资源的主要倡导者，认为开放获取课

---

① Toong K. Holes - by Louis Sachar Drama Teaching Resource Pack[J].2022(10):5.

② Soong M H B, Chan H C, Chua B C, et al. Critical success factors for on-line course resources[J]. Computers & education, 2001, 36(2): 101-120.

③ Winitzky-Stephens J R, Pickavance J. Open educational resources and student course outcomes: A multilevel analysis[J]. International Review of Research in Open and Distributed Learning, 2017, 18(4): 35-49.

本（OAT）和教育资源（OER）被誉为昂贵印刷课本的可行替代品。[①] 通过借鉴美国各地图书馆倡议的实例，他阐述了图书馆如何促进这些负担得起的资源的采用和实施。巴蒂（Batty G D）莫顿（Morton S M B），坎贝尔（Campbell D）等对20世纪50年代阿伯丁儿童队列进行研究，并研究生命历程和代际健康影响的新资源的背景、方法和后续信息，[②] 这是对1962年12月在阿伯丁小学就读的所有儿童的"精神亚正常"（学习障碍）的横断面研究。资源数据包括出生体重、胎龄、儿童身高和体重、认知和行为障碍测试以及一系列多层次社会经济指标信息等，是关于影响学生健康的信息资源。

综上，国外关于课程资源方面的文献研究较早地进入教育工作者及研究者的视野，课程资源的重要性体现在课程资源为课程设置的前提和保障。然而，国外关于戏剧课程资源的文献研究相对有限，也仅列举了戏剧课程资源的物化形式，但是相对于我国来说，有关戏剧课程资源的研究还是比较丰富的。

---

① Okamoto K. Making higher education more affordable, one course reading at a time: Academic libraries as key advocates for open access textbooks and educational resources[J]. Public Services Quarterly, 2013, 9(4): 267-283.

② Batty G D, Morton S M B, Campbell D, et al. The Aberdeen Children of the 1950s cohort study: background, methods and follow - up information on a new resource for the study of life course and intergenerational influences on health[J]. Paediatric and perinatal epidemiology, 2004, 18(3): 221-239.

2. "课程资源开发"的相关研究

研究者通过文献梳理发现，在国外，有关课程资源开发方面文献并不多，研究者通过在 Wiley Online Library、Elsevier Science Direct、Springer 等外文文献数据库中检索，结果发现国外课程资源开发主要集中在有关人力资源开发、在线课程以及微课程资源开发等。出现频率最多的是线上课程资源的开发与利用，不仅在理论层面还是在实践层面，都需要将考虑网络课程资源开发与利用与现代技术进步相结合，其原因无疑与经济全球化的大背景有关。

就课程资源开发而言，有研究者在基于模糊神经网络的英语网络课程资源开发中提及，教师并未充分挖掘和使用当前的资源来教授学生相关的内容。例如，在我们国家，点头表示同意，老师通常直接告诉学生，如果他们说"agree"，在我们国家就是"同意"的意思。然而，如果学生去印度或阿拉伯，他们会发现点头意味着"不同意"。造成这种认知偏差的根本原因是教师没有挖掘英语课程资源的本质，没有考虑到同一个肢体动作甚至同一个单词在不同国家的语境中可能有不同的含义。该文章确定关于在线课程中学生参与策略这一重要问题的相关研究，[①]通过实证研究建立有效的学生参与策略，依托在线学习、虚拟学习、信息技术、虚拟培训来吸引学生。有学者在基于嵌

---

① Chakraborty M, Muyia Nafukho F. Enhancing student participation: What do students want in online courses? [J]. European Journal of Training and Development, 2014, 38 (9): 782-802.

入式系统的 VR 课程资源在开放教育中的开发与应用中提到，交互式 VR 体验是自然的，为传统学习范式提供了宝贵的支持。[①]通过 VR 课程资源为学生提供虚拟现实体验的感觉。通过 VR 课程资源为学生提供虚拟的、动态的、互动和沉浸式的学习环境，有助于学生深度理解和实践操作，既丰富了教学手段，又提高了教学效果。

就课程资源利用而言，根据瑞米拉德（Remilard, J. T.）对美国小学教师的研究，探讨教师在使用课程资源时与课程资源发展的关系，并将其理论化。[②]他的核心论点就是教师通过接触课程材料而被定位为课程材料的特定类型的使用者，主要考察教师在课程资源中的称谓模式和教师采取的参与模式："B. 佩潘（Pepin B）主张'灵活的设计标准'，将我的建议与我早期关于教师设计能力的工作相一致。越来越多的人希望教师设计自己的教材，尤其是在课程变化和网络上出现大量数字教材的时代。[③]虽然课程材料在质量和对学生学习的支持方面进行了检查，但较

---

① Li Kai, Wang Sheng The development and application of VR curriculum resources based on embedded system in open education [J] Microprocessors and Microsystems, 2021, 83:103989.

② Remilard,J.T. Modes of engagement: Understanding teachers' transactions with mathematics curriculum resources[J]. From text to' lived' resources: Mathmatics curriculum materials and teacher development, 2012: 105-122.

③ Pepin B. Enhancing teacher learning with curriculum resources[J]. Research on mathematics textbooks and teachers' resources: Advances and issues, 2018: 359-374.

少的研究集中在教师使用教育课程材料的学习上；以三位教师为研究对象，研究他们在不同情境下对教材资源的使用情况、他们对课程资源的理解，以及他们如何将材料的使用与他们对学生思维的观察联系起来发现，教师之间有相似之处，特别是在对目标的理解以及如何遵循教师资源材料方面。① 这项研究说明了，专业视野不仅局限于即时的教学决策，而且还适用与课程材料的适用。而课程资源的使用被用来说明资源在多大程度上调节教师学习，作为改变教师实践的使能者和限制者，潜在地使教师重新技能和去技能。王志刚考察了英国、美国和澳大利亚基于标准和课程改革对教材在教育系统中作用的影响，该项目侧重于确定出版公司和教育系统在基于标准和课程改革的背景下开发、选择和使用材料的活动。② 通过调查发现，教育出版商对课程改革对其公司为满足学校实施这些改革的需要而开发的新材料的影响有不同的看法，对三个国家的教材市场都有不同的影响。

　　综上所述，研究者在梳理 16 篇外文文献发现，西方国家在课程资源开发方面相对重视，特别的过程中关注儿童的动手和实践能力，涉及实践课程、图书馆资源、原始资料和传统教科书、自主性课程开发等。虽然教师和教师教育者都广泛地使用

---

① Choppin J. Learned adaptations: Teachers' understanding and use of curriculum resources[J]. Journal of mathematics teacher education, 2011, 14: 331-353.

② Watt M G. The Role of Curriculum Resources in Three Countries: The Impact of National Curriculum Reforms in the United Kingdom, the United States of America, and Australia[J]. Online Submission, 2004.

课程资源，但对资源在支持教师学习方面的有效性的探索很少。经过几十年的时代变迁，课程发展也不断变化，我国的基础教育改革也多次推进，校园信息化程度成为家长选择学校的标准之一。因此，学校信息化水平的高低直接关系到各种资源是否得到合理的开发和利用。基于数字化的时代背景，教师能否拥有丰富的网络课程资源和能否开展多元的教学活动，成为制约教育现代化水平高低的重要因素。

3. "戏剧课程资源开发"相关研究

就戏剧课程资源开发来说，笔者通过对文献的整理归纳，发现西方国家在戏剧课程资源开发的研究上比较注重开发的创新性。大卫·罗伊（David Lowe）对澳大利亚戏剧教师在课堂上如何使用面具进行研究，发现《面具》是一种奇妙的方式，面具工作可以让所有学生探索身体语言和手势，以及基本的人类交流。语言只是其中的一小部分。让学生通过"他者"的眼睛来看待戏剧的世界；[①] 迈克尔·J索苏尔斯基（Michael J.S,traczynski）在德国戏剧工作坊中提出了一种以学生戏剧表演为主要教学工具的德语四技能第二语言课程的教学模式，学生将认真学习德国的文学戏剧，然后使用真实的表演技巧，为学生提供德国文化的重要元素。为了深入理解戏剧的内在机制，参与戏剧的制作是非常宝贵的，因为学生在这类工作中表现得

---

① Cleckley H M. The mask of sanity[J]. Postgraduate medicine, 1951, 9(3): 193–197.

快乐，有生命、有兴趣、有热情，置身于现实的、沉浸式的语言使用情景中。[①] 黛布拉·汉德特（Deborah Hund, ent）文学士在《戏剧在安大略学校董事会教育中的地位》中提到，戏剧教育被描述为一种有价值的教学媒介和方法，丰富了儿童在认知、技能、情感和审美领域的发展，并横跨课程内容的所有领域。在他的研究中，认为教师最看重戏剧能够提高学生的创造力、社交技能、同理心、个人成长和解决问题的能力；在《早期现代数字评论》上的一篇同行评议文章中，特别提到戏剧在线是一个快速增长的学习资源，现在拥有来自 1000 位剧作家的 2750 个剧本、400 个音频剧本、345 小时的视频，以及 370 本来自领先戏剧出版商和公司的学术书籍，提供了完整的多媒体戏剧体验。[②] 这些在线模块资源可以通过订阅或购买的方式获得。在线戏剧是一种宝贵的资源，尽管它有不可避免的局限性。

就戏剧教育教学而言，有学者在我国戏剧教育的现状与对策中提到，中学戏剧课程和资源供给减少，其核心是地位低下，很大程度上是由于戏剧与人们所认为的、进步的、自由放任的教育方法有关，越来越多的工具性教育观已经影响所有的艺术

① Sosulski M J. Workshop in German drama[J]. Scenario: A Journal of Performative Teaching, Learning, Research, 2008, 2(1): 7-16.

② "COVID-19 Response," Drama Online, News and Updates, accessed 27 November 2020, dramaonlinelibrary.com/news-and-updates. https://www.bloomsbury.com/dr/digital-resources/products/ drama-online/.

活动。[①] 研究者认为，其主要原因是普遍存在的对戏剧的消极态度。各国义务教育中戏剧教育的条件不尽相同。有学者在戏剧教学与文化教育中提到，澳大利亚昆士兰州的戏剧教育情况很有趣，2002 年戏剧被引入义务教育课程（P-10），成为一门艺术课程。[②] 作者采用案例研究的方法，描述、分析课程开发项目的背景和条件，研究发现，课程发展不可能是一个可预测的线性过程。关于戏剧的教育价值，有研究者认为，戏剧涉及批判性思维，而批判性思维可以通过戏剧工作来提升，因为批判性思考的能力在我们这个复杂而充满问题的世界中至关重要。[③] 作者为了支持这一主张，需要对批判性思维的概念进行全面的审视，并详细阐述批判性思维与戏剧之间的联系。作者的研究集中在戏剧教育的性质和理由，以及批判性思维，在这篇文章中，作者将这些领域结合在一起，详细介绍了在戏剧和戏剧教育的背景下如何理解批判性思维。

综上，研究者通过 21 篇外文文献梳理发现，戏剧教学涉及教学资源包、戏剧教师、戏剧与教师教育、综合学习资源、在线戏剧资源等。戏剧教学趋势是鼓励教师让学生积极参与合作学习，戏剧使学生参与各种各样的精神和身体活动，包括排

① Robinson K. The status of drama in schools[M]//Issues in educational drama. Routledge, 2018: 7-24.

② Österlind E. Drama into the curriculum - Sisyphus' work[J]. NJ, 2015, 39(1): 3-18.

③ Bailin S. Critical thinking and drama education[J]. Research in drama education, 1998, 3(2): 145-153.

练的或自发的互动，这是戏剧特有的学习媒介。笔者认为，积极地学习戏剧是为学习者提供语言学习的好处，它加强了学生对文化的学习。研究表明，戏剧教育的基本目标是儿童的全面发展，而不是提供特定规定的内容材料。

4."课程资源开发模式、模型"相关研究

经过对相关研究的梳理，发现有关课程资源开发模式的相关文献尚少，出现频率较高的有课程模型、共享课程模式、综合课程、课程资源管理、教学课程模型平台等。但有关网络课程资源开发模式的研究较多，如英国开放大学的"课程组"模式、宾夕法尼亚全球性大学课程开发的"两周模型"等。另外，宾夕法尼亚大学的教学设计和开发小组制定了课程开发流程，引入项目管理的思想，对其课程开发实践进行管理。

就课程开发模式而言，杨晓明在戏剧课程体系的建构与发展中提到，课程开发人员，无论是在系统层面还是在课堂层面，都要参与复杂的决策，即什么对学生来说是重要的、有价值的，如何能够实现这种学习，有什么证据能告诉我们学习已经发生了。[①] 该研究指出了系统课程开发过程中一些重要的影响和制约因素，并认为我们需要认识到个人和专业知识的局限性。有学者在《课程资源的占用模式：以幼儿园列举技能教学的数字游戏为例》一文中提到，可提供的教育资源的迅速增长引起了教

---

① Stinson M. Prevailing winds: influences on systemic drama curriculum development[J]. NJ, 2009, 33(1): 31-41.

师挪用这些资源的问题。尽管"挪用"一词在数学教育研究中被广泛使用，但没有明确的概念使研究人员能够理解所涉及的过程。[①] 该研究试图通过提出一个研究教师占用课程资源的模型来填补这一空白，这一模式是根据社会科学和管理科学中的拨款概念和工具方法加以阐述的。虽然说"挪用"模式和开发模式有相近的手段，但还是有区别的。刘殿爵（D. C .Lau）在分析课程开发过程三种模式一文中，试图运用现代模式、后现代模式和行动者网络理论提出的三种模式来分析课程发展过程。[②] 笔者认为，不管我们身在何方，课程都受社会权力的支配，为社会服务。

就课程开发的模型而言，陈晓明在《综合课程模式导论》一文中，探讨了课程模型在概念化高级学习者的课程、教学和评估方面的研究。课程设计是针对天才的差异化课程的一个主要组成部分，描绘了构成任何有价值课程的关键特征。[③] 该研究针对资优学生的差异化课程材料应该超越单一文本作为资源，对支持该模型的研究进行了综合，提供高级阅读，呈现有趣的、具有挑战性的想法，允许学生建立跨学科联系，将知识视为试

---

① Trgalová J, Rousson L. Model of appropriation of a curricular resource: A case of a digital game for the teaching of enumeration skills in kindergarten[J]. ZDM, 2017, 49: 769-784.

② Lau D C M. Analysing the curriculum development process: three models[J]. Pedagogy, culture and society, 2001, 9(1): 29-44.

③ VanTassel-Baska J. Introduction to the integrated curriculum model[M]// Content - Based Curriculum for high-ability learners. Routledge, 2021: 15-32.

探性、开放性的。

综上，有关课程开发的模式、模型文献较多，设计网络课程开发模式、学习模型的文献相对丰富，很少有专门聚焦戏曲类课程资源开发模型和开发模式的研究，但关于课程资源开发模式、模型的文献并不缺乏。课程资源开发对于大多数教师来说并不陌生，具体到音乐学科，通过开发者进行豫剧课程资源的有效获取来促进戏曲课堂效率和质量的提升，所以说进行豫剧课程资源开发模式、模型方面的研究还是有必要的。

三、对相关研究的评析

学界关于校本课程资源开发的价值意义、主要模式以及基本原则等已有较为深入的研究，这为本课题研究提供了基本理论支撑。但现有研究也存在重宏观研究，缺乏微观层面的实操性研究，这就导致在一线教学中的校本课程资源建构的实际数量和成效与理论研究的热度出现明显反差。此外，校本课程资源开发大多聚焦于思想政治、语文等学科，对于音乐类，尤其是传统戏剧类，特别是河南豫剧类中小学校本课程资源开发的专门研究明显不足。

1. 文化主体的回归和地方戏曲类课程资源开发有待重视

当前的研究中，关于中国传统戏曲的本土校本课程资源开发研究实属少数。既有研究也多是比较宽泛地阐述校本课程资源开发对传统文化的传承与弘扬和青少年审美价值塑造的重要价值，具体课程资源建构策略研究很少。新时代人才培养目标明确提出了要德、智、体、美、劳全面发展，应加强审美教育，尤其是树立正确的审美价值观，增强文化自信。开发传统的地方戏曲本土课程资源就显得尤为重要，争取从被表述到表述自我。豫剧在其厚重历史底蕴和长期的文化积淀中扎根，乃至今日依旧活跃在人民的日常生活之中。豫剧既包含多样态的文化形式，又具备多年来所累积的"集体无意识"般的群众心理基础，作为地方"最大"剧种，豫剧课程资源开发和利用有待重视。

2. 有关课程资源开发主体和教育活动主体的相关研究有待深入

教师是影响课程资源开发的众多因素中的核心因素。在基础教育改革背景下所提出的本土戏剧课程资源开发，实践性比较强。课程资源只有真正的进入课堂，其价值才能体现出来。开发和利用课程资源主体中，教师是中坚力量。在课程资源的顺利实施中，教师和学生都是关键因素，都是课程资源开发主体。教师在地方戏曲校本课程开发中发挥引导作用，推动社区、学生家长参与课程资源的发掘，要围绕学生及其学习生活开展，充分利用各种课程资源的前提条件就是引导学生时不时地要走出教室、走出教科书。但是，从已有研究来看，对课程资源开发的理论和实践都有论述，而缺乏从田野研究的视角和从教师的角度，对教师开发利用课程资源实际状态进行跟踪研究。关于各类课程的资源开发模型，相关研究尚少，其中戏曲类课程，尤其是豫剧校本课程资源开发模型方面的研究亟须填充。

3. 豫剧校本课程资源开发思路以及维度模型有待建构

当下有关学者对于校本课程资源开发模式的建构研究获得了一定成果，但课程资源开发模式和模型仍然低效的现象还存在。其一，部分教师为了一味地迎合学生的兴趣，将资源和手段当作了教学的主要内容，忽视了课程资源辅助教学的本意，导致教学重点不突出；其二，课程资源开发也存在良莠不齐、质量不一的现象，需要进一步筛选和再加工；其三，没有实现学校、家庭、社区的有效衔接，开发模式也相对单一，探索和拓展空间不足。笔者认为，整合学校、家庭、社会多方面资源，让它们真正成为课程资源开发的支持者和合作者，搭建好家校合作的桥梁，能形成家校合力，共同推动教育的高质量发展，为学生开拓一片校外实践的空间，弥补校内课程资源的不足。

4. 校本课程资源开发的实施路径研究有待具体化

从我国实行三级课程管理以来，区域性课程资源的利用对国家课程地方化、校本化，其功能逐渐显现出来。地域性文化资源充分体现了不同地区之间的差异，地域性的课程资源有着不可替代的作用。然而，从已有的研究来看，多为课程资源的普适性的技术、程序、原则、原理等，而结合开发实践，从微观的、技术的层面研究校本课程资源开发的模式、模型及具体实施路径和策略的不多，制约了中小学音乐教师的豫剧校本课程资源开发能力。

第四节 概念界定

一、豫剧

豫剧，原名"河南梆子"，俗称"河南讴""高梆""讴戏""靠山黄""土梆戏"等，是清初大一统"梆子腔"的一个支系。

豫剧于 18 世纪前期开始嬗变：首先在曲牌连缀体中楔入十字句，至乾隆末期又加进"集唐"七字句；之后，随着语言、风俗、社会条件及生存环境等因素的影响，约在嘉庆年间，方始基本形成以板式变化为音乐主体的梆子戏。由于乡音渐浓，特点日足，为了区别于"梆子腔"这个大家族中的其他成员，方始以"河南"二字称之，或径直呼之"土梆戏""河南讴"。直到中华人民共和国成立初期，人们才逐渐使用"豫剧"来指代河南梆子，并日趋通行。从这一内涵（即剧本的文学和音乐形制）衡定，具有当今样式的豫剧历史至多 210 余年。[①]

在清朝乾隆年间，河南梆子基本上分为蒋、许两个门派，大多数豫剧演员都出自这两个科班，今天的河南省新乡市封丘县曹岗乡清河集就是许门的发源地，明代洪武年间，封丘县隶属于河南布政司开封府，所以今天我们常说，封丘县清河集是祥符调的发源地。豫剧之称谓，始于 20 世纪 50 年代，但因其指代较为宽泛，河南剧种较多，有泛指之意，所以就没有被时

---

① 马紫晨.豫剧（上）[M].郑州：河南文艺出版社 ,2001(11): 1.

人接受。[①]直至 20 世纪 50 年代，经人民政府文化部门商议确定后，逐步为民众所认可，才成为河南梆子之专称。[②]豫剧属于梆子腔系，约走过了 300 年的历程，在漫长的历史长河中，它以宽阔的艺术胸怀，依托中州大地丰厚的文化母源，倾力吸收各艺术门类之精华，已成为全国流布地区最广、受众面积最大的地方戏曲剧种之一。

笔者要特别说明的是，本书所指的豫剧是指河南梆子的"豫剧"，而不是泛指河南戏曲总称的"豫剧"。

二、校本课程

校本课程（school-based curriculum）是"在完成国家课程和地方课程之后，可以发掘适合当地学生发展的社区和学校资源。以办学多样性的思想为指导，从而选取适合学生全面发展的课程"[①]。"校本"（shool-based）大意为"以学校为本"，"以学校为基础"。[④]校本课程虽然位于最下一级，但是校本课程可以

---

① 参见①邹少和著《豫剧考略》1937 年完成，《戏曲艺术》河南版 1981 年第 3 期，第 21- 24 页②王培义著《豫剧通论》，《京报副刊·戏剧周刊》1924 年 12 月—1925 年 3 月 16 日，又载《戏曲艺术》河南版 1984 年第 1 期，第 27- 31 页。

② 1947 年夏，兰州中州剧院改组为新光豫剧团，成为戏曲史上第一个以"豫剧"取代"河南梆子"命名的戏曲表演团体，首任团长马建新，副团长李战、赵义庭；同年秋，兰州、西安、开封和郑州等地报纸相继以"豫刷"专指"河南梆子"；1954 年"豫剧"作为"河南梆子"的替代词出现于人民政府文件，至此，河南梆子完成称谓的转换。

① 朱慕菊．走进新课程 [M].北京：北京师范大学出版社，2002(1)：197.

④ 郑金洲．走向"校本"[J].教育理论与实践，2000(6)：11-14.

完善国家课程、地方课程的不足之处，从而使得课程发展更加趋于完整性、严密性。校本课程是学校基于自己的教育理念和办学目标，在对学校学生的需求进行系统评估的基础上，充分利用当地社区和学校的课程资源，通过自行研讨、设计或与专业研究人员或其他力量合作等方式编制出的多样性的、可供学生选择的课程。[①]

依据课程管理的维度出发，校本课程的提出和开发能使得学校有更大的自主权和积极性。学校在贯彻执行国家课程以及地方课程时，还能通过增加校本课程的方式，逐渐丰富学校教学内容，使得学生的学习趋于多元化。不过值得注意的是，这种校本课程的开发是需要多方面人员参与的，除了校长、教师、学生，还有专家、家长等人员的帮助。所以校本课程的开发并不容易，需要得到各方面人员的支持，这对学校来说也是一种挑战。

本书所指的校本课程，主要体现在"以学校为本"的理念，以学校为基础，以学校为主导，强调交流与合作，强调课程的参与性、民主性和开放性。

三、课程资源

"课程资源"隶属于"资源"中的一类。从词源意义上分析，"资"就是"财物、本钱、供给、资助"，"源"指"水流起头的地方，引申为事物的来源"。[②]《辞海》中"资源"的解释

---

① 华东师范大学教育学系.略论我国基础教育课程政策的改革方向[J].教育发展研究,1999,(9):32-34.

② 湖南等省辞源修订组.辞源（修订本）[M].北京：商务印书馆,1980:2960.

是"资财的来源，一般指天然的财源"。[①]《现代汉语词典》中"资源"一词解释为"生产资料或生活资料的天然来源"。[②] 在日常生活中，资源多和金钱、财产挂钩，通常被人们认为是经济术语。在生态学中，"资源"主要指那些参与人类生态系统能量流、物质流和信息流交换的，保证系统代谢功能得以实现的，促使系统稳定地、不断地、有序地进化升级的各种物质，主要指自然资源。[③] 总体来看，"资源"作为词的含义已经扩大，如"人力资源""网络资源"等新的专业术语已然出现，本文所提及的课程资源亦然是"资源"一词的词义拓宽的产物。

对于课程资源（curriculum resources），顾明远在《教育大词典》中提出了教育资源的概念，类似课程资源，指"教育过程中所占用、使用和消耗的人力、物力和财力的综合"[④]。徐继存曾指出课程资源是课程设计、编制、实施和评价等整个课程发展过程中可资利用的一切人力、物力以及自然资源的综合。[⑤] 吴刚平认为课程资源有广义和狭义之说，从广义上，指有利于实现课程目标的所有因素；狭义上，是指形成课程的直接

---

① 辞海编辑委员会.辞海（中）[M].上海：上海辞书出版社,1979:3289.

② 中国社会科学院语言研究所词典编辑室.现代汉语词典[M].北京：商务印书馆，1996:1662.

③ 范国睿.教育生态学[M].北京：人民教育出版社,2000:107.

④ 刘旭东 张宁娟 马力.校本课程与课程资源开发[M].中国人事出版社.2002(4):137.

⑤ 徐继存，段兆兵，陈琼.论课程资源及其开发与利用[J].学科教育,2002,(02):1-5+26.

因素来源。^①从功能视角，课程资源可划分为条件性和素材性资源。具体来说，素材性资源又可以细化为外在物化的资源和内在生命化的资源。外在物化的资源包括课程标准、教材、练习册等，内在生命化的资源包括师生的经验、感受、理解、问题、困惑、方式、方法、情感、态度、价值观等。^②课程专家泰勒提出："任何单一的信息来源都不足以为明智而综合地决定学校目标提供基础。"^③

总之，课程资源的定义主要取决于能否为课程目标以及课程和课程功能的实现，顺利实施提供有效服务。因此可知，课程资源的概念涵盖在教育资源的大概念下，是教育资源中的一部分。从课程的视角来看，不存在无课程资源的课程，课程资源也是一种潜在形式的课程。课程实施的效果受多重因素的影响，课程资源的广度与深度以及对课程资源的开发程度和利用成效均影响实施的水平。如果缺乏丰富的课程资源，就无法生成动态、开放的现代课程。我们更需要关注的是，我们所发掘的课程资源是在不断发展变动的过程中产生的。因此，要以动态发展的目光看待课程资源，持续不断地延展其发展空间，扫除狭隘短浅的认识。

本文，所指向的资源研究主体为豫剧课程资源，开发者以学

---

① 廖辉. 多元文化背景中的课程资源开发 [J]. 民族教育研究 ,2005(02)：16-67.

② 吴刚平. 课程资源论 [M]. 北京师范大学出版社 ,2014:18.

③ Ralph W, Tyler R W. Basic principles of Curri-culum and Instruction [M].Chicago and London：theUniversity of Chicago Press,1949.

生为中心，把学生周围有可能进入音乐课程的豫剧资源进行分解、重组，形成豫剧校本课程资源，方便师生利用和学习。

四、校本课程资源开发

"校本课程开发"是近年来我国课程研究者从国外教育文献中引进的新术语。其英文表示"school-based curriculum development"或"site-based curriculum development"，缩写词为"SBCD"。[①]该概念术语由菲吕马克（Furumark，A.M）和麦克米伦（MeMullen，I.）于1973年首次提出。但直到今天，人们仍未就"校本课程"给出一致而明确的定义。之所以如此，是因为每个国家或地区乃至每个学校的情况是不一样的，不同的文化、课程制度，不同学者的不同界定往往反映的是校本课程开发的不同侧面，使得定义统一性的难度加大。

校本课程资源开发属于课程开发之范畴，徐继存、段兆兵、陈琼在《论课程资源及其开发与利用》中提到，所谓课程资源的开发，实质上就是探寻一切有可能进入课程、能够与教育教学活动联系起来的资源。[②]融合校本课程、课程资源和课程资源的三者开发概念的内涵，广义上，校本课程资源开发可以理解为一个活动的过程，这个活动的结果是开发出校本课程资源，校本课程资源被整合到课程的设计、实施、评价和管理活动中，

---

① 徐玉珍.校本课程开发：概念解读 [J].课程·教材·教法，2001(4):12.
② 徐继存，段兆兵，陈琼.论课程资源及其开发与利用 [J].学科教育，2002(02):1-5+26.

在与学生、教师、学校管理者的交互作用中对这些人群发生作用。

基于以上所述，本书对豫剧校本课程资源开发的界定是，探寻、挖掘一切有可能进入豫剧课程的，能与豫剧教育教学活动联系起来的符合中小学生认知规律的豫剧资源。

第五节 研究目标、思路与方法

一、研究目标

通过对河南省中小学豫剧校本课程资源开发方面的相关研究，建构豫剧校本课程资源开发的宏观理念、微观模型和开发路径，为中小学音乐教师开发戏曲校本课程资源提供策略指导、新的理论和实践依据。本研究确立以下五大目标。

第一，问题分析。在明晰豫剧校本课程资源内涵和构成的基础上，通过调研现状，理清河南区域内中小学豫剧课程资源开发及豫剧教学存在的问题，便于整体把握豫剧课程资源开发情况。

第二，构建思路。构建豫剧校本课程资源开发思路，便于统筹豫剧课程资源。

第三，建构模型。建构豫剧校本课程资源开发的维度模型，便于指导具体实践。

第四，路径设计。设计豫剧校本课程资源开发落实的具体路径，为开发者提供开发借鉴。

第五，提炼结论。呈现研究结果，提供豫剧校本课程资源开发策略的指导。

二、研究思路

1. 研究对象

本研究的主题为豫剧校本课程资源开发，研究对象为豫剧校本课程资源，通过对河南省部分中小学音乐教师和学生进行调研，依次对调研资料进行收集、整理和分析，确定研究内容。

（1）研究对象的确定

本次调查将个案调查作为基本形式进行。从整体中选取具有代表性的典型单位样本进行分析，以求得出深入、细致的定性化结果，[①] 对河南省音乐教育教学及戏曲教学进行摸排，针对性地的对河南省中小学豫剧课堂的教学概况和豫剧校本课程资源开发情况进行调研。

本研究分两轮调研，第一轮为整体性调研，第二轮为聚焦性调研。第一轮对河南省 18 个地市基础教育阶段音乐教师进行统计，对小学、初中、高中专兼职教师的基本情况进行初步摸排，了解豫剧校本课程资源及豫剧教学的大致情况；第二轮从 18 个地市中又抽取 7 个地市的中小学音乐教师和学生作为调查对象，进行精准调研，聚焦豫剧校本资源的开发和利用情况。

（2）调研对象的选取

第一轮样本选取以抽样调查为主，覆盖面涉及小学、初中和

---

① 马云鹏，孔凡哲. 教育研究方法 [M]. 长春：东北师范大学出版社，2006(1)：6.

高中，依据调查所得的数据资料、被调查对象的总体情况，我们抽取了郑州市 406 人、新乡市 84 人、洛阳市 442 人、南阳市 319 人、许昌市 252 人，中小学音乐老师共 1845 人，涉及省市、县、村镇音乐教师。专职教师 1353 人，占比 73%，兼职教师 492 人，占比 27%。城市人数 774 人，占比 42%。县城人数 362 人，占比 20%。农村 709 人，占比 38%。

（3）确定研究对象的原因

一是宏观了解。借助河南省基础教育研究室的平台和研究者多年基础教育工作的人脉基础，采取抽样调查的方法，针对河南省部分地市、乡镇学校中小学音乐教师进行调研，旨在对河南省豫剧教学现状有宏观把握，以便于下一步调研的针对性更加科学、合理。

二是微观把握。研究者在第二轮调研中，主要聚焦河南省域内中小学豫剧校本课程资源开发，从中小学豫剧教学方面切入，把握中小学豫剧课程资源的开发现状和豫剧进课堂现状，梳理思路，对整个调查过程进行因果解释和推论，寻找突破口。

三是本人的在场性。河南省中小学音乐教学名师是在河南省基础教研室的整体规划下经过层层选拔的，积累了五届"教学名师"，形成了河南省中小学音乐教学名师团队，通过"送教下乡"的方式把最优质的课程送入农村学校。本人有幸成为第二届名师，相似的成长经历、熟悉的人际关系、频繁的交流互动都有助于熟悉研究主题、研究环境和研究资料的提供者，这种在场性也为开展本研究提供了方便。

2. 研究思路

本文将以"问题—解决"为总体分析框架，围绕豫剧校本课程资源的开发思路、模型设计、探索路径三个核心问题，按照"建构思路—设计模型—探索路径—确定主体"等几个阶段逐步展开研究，如图 1-8 所示。

一是通过对样本学校音乐教学的实证调研和实践参与，分析主体回归视角下地方戏曲校本课程开发实际中存在的问题与困惑。

二是以《艺术教育课程标准（2022 年版）》为依据，参考借鉴建构主义理论和教育生态学理论，探索构建豫剧校本课程资源的开发思路。

三是归纳、比较国内现有地方课程的开发机制和实施经验，通过全面描绘河南豫剧在时间、空间、体裁等维度的构建史，提炼形成主体回归视角下的豫剧校本课程资源开发的具体开发思路、维度模型和实施路径。

四是开发、评析和示范剖解豫剧课程资源，以此途径展现豫剧校本课程资源发掘和利用的具体实施过程，为中小学一线工作者运用该思路和维度模型进行开发课程资源开发提供参考。在课程开发实践过程中，教师虽然大致都了解一些常见的开发模型，但从模型到具体操作还需要结合具体案例，详细阐释校本课程开发的具体程序。

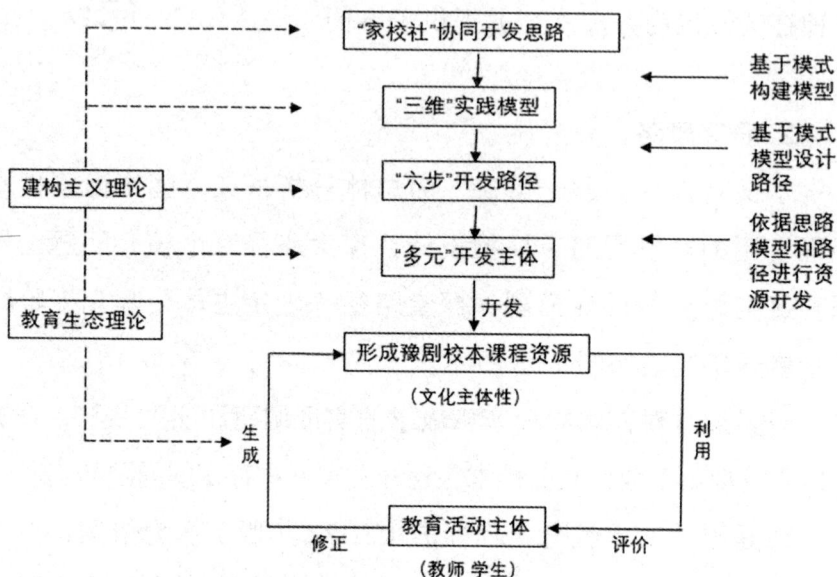

图 1-8 中小学豫剧校本课程资源开发思路图

三、研究方法

本研究通过文献分析、课堂教学比较分析、实验观察等定性研究方法和对实验环境进行问卷、测试等定量研究方法来达到本研究的预期效果。

1. 文献分析法

检索和收集有关教育学、史学、文学等来自不同领域的专家学者以及相关课程文件；搜集课程与教学论相关期刊论文、学位论文、专著等；搜集有关豫剧的史学、声像、剧本、戏曲活动等资料；综述有关校本课程开设情况的量表、试题、项目及其相关实证研究；查询和梳理现有的课程案例，包括已发表的论文、课程视频、课件、教材等。

2. 访谈法

访谈的主要目的是获取研究对象的一手数据，这样为分析问题、解决问题奠定了基础。因此多次对相关人员的访谈是非常重要的。

3. 比较分析法

多角度、多方面对比校本课程资源，对研究较为薄弱的领域进行深入分析，对我国各地区的校本开发情况进行比较。

4. 调查法

拜访河南地方豫剧艺人和创作研究群体，把戏曲知识作为课程资源可开发的内容。

第六节　研究重难点、创新点与研究伦理

一、研究的重点和难点

1. 研究的重点

一是建构豫剧校本课程资源"家校社"协同开发思路以及设计与该思路理念一致的认知、开发和应用的"三维"模型。

二是探索豫剧校本课程资源开发的具体实践路径，为增强中小学音乐教师豫剧校本资源开发的主体意识和提升实际能力提供切实可行的策略和建议。

2. 研究的难点

河南豫剧所涉及的资料分为史料类、声腔类、戏曲文学类。其中声腔类与笔者从事的专业契合，容易理解、消化。而传承创新河南豫剧的真正动因在于戏曲文学中所承载的劝善道德内涵。如何从主体回归视角准确把握河南豫剧剧本所蕴涵的契合于现代伦理观念的价值内涵，弃其糟粕、吸取精华，则需要我们下大功夫来提升文本理解能力。

二、研究的创新点

从本文所述可以看出，在国内外有关豫剧课程资源开发的理念、模型相关研究缺乏，尤其是缺乏豫剧校本课程资源开发的方法路径。另外，豫剧课程资源分类也缺乏相应的实证研究。因此，本研究从以下三个方面阐述研究的创新性。

1. 突出了豫剧课程资源鲜明的地域文化特色

豫剧所独有的曲律、声腔、行当和程式等戏曲话语要素，是世世代代河南人民审美心理积淀的结晶。豫剧课程资源经过转化之后，将会融入音乐课程，并以音乐课程目标、课程内容、课程实施、课程评价等形式出现，帮助开发者通过熟悉的背景素材来开发豫剧的校本课程，扩宽其知识领域，增强综合性知识储备，促进学生通过恰当的过程与方法获得态度与价值观的滋育。

2. 建构了豫剧课程资源"家校社"协同开发思路和"三维"模型

该思路通过三方合力、携手开发，借助师生之间特殊的社会关系和人际关系以及考虑到开发者主体性的形成，达到"家校社"提升协同育人的整体效应。基于"家校社"共同的价值定位和不同视角，以及影响主体间协同开发的诸多因素，建构"三维"模型，此模型通过认知、开发和应用三个维度进行豫剧校本课程资源开发，实现符合音乐核心素养需求的豫剧课程资源目标。

3. 探索了豫剧校本课程资源开发的具体实践路径

该路径通过开发者"多元"主体间携手联动和豫剧课堂教学实践，形成目的、分析、建设、利用、评价和优化的"六步"开发路径，搭建教育生态理论通向课程资源开发实践的桥梁，把知识的客体转向知识的主体，进一步完善"家校社"协商机制，实现"多元"主体之间的良好互动和协作，构建育人生态环境。

三、研究伦理

在本书中，由于研究者与被研究者之间职业相同、志趣相同，部分被研究者还长期保持着相互学习、借鉴的亲密关系，所以在交流、访谈过程中"毫无障碍"。越是这种"无障碍"调研，越要注意被研究者的"隐私"，如成长经历、工作环境、发展的影响因素等。所以在本研究的伦理问题上更要高度重视，主要遵循以下原则。

1. 保密原则

"由于质的研究者与被研究者必须发生个人接触，而且在大多数情况下彼此的关系有可能变得十分亲密，因此保密原则在这类研究中尤其重要。"[①] 在研究启动之前，研究者要告知被研究者，论文中关于姓名、工作单位等敏感信息都会以数字形式匿名处理。

2. 自愿公开原则

"自愿原则指的是研究应该征求被研究者的同意，公开原则指的是被研究者应该有权知道自己在被研究。这两个原则是交织在一起的，如果被研究者自愿参加研究，那么研究就必然是公开的；而研究只有公开，被研究者才有可能表达自己是否愿意参加研究。"[②] 有的被研究者自愿参与研究，这样的研究结果会显得更有价值，不经意间就会涉及被研究者的个人信息。但是研究者不管是在问卷设计还是在半结构式访谈中，笔者都对本研究的目的、性质进行了阐述，充分尊重被研究者的知情权和选择权，并对他们的信息进行保密，对因故不能参与的被研究者也表示理解。

---

① 陈向明 . 教师如何作质的研究 [M]. 北京：教育科学出版社 ,2001:264-265.
② 陈向明 . 教师如何作质的研究 [M]. 北京：教育科学出版社 ,2001:260.

第二章

中小学豫剧校本课程
资源开发中的问题
调查与原因分析

>>>

"任何种类的资源只有得到教师和学生的使用，才能在教学中变得积极有意义"①。从基础教育课程改革以来，有关教师开发校本课程资源的总体情况究竟如何？显性和隐形课程资源有没有得到有效利用？有何变化发展？本研究分别于2021年、2022年运用访谈法和问卷调查法相结合的方式对河南省相关区域的音乐教师进行了系统调查，共三轮，对教师开展音乐课程资源开发情况的现状进行全面数据搜集，以期呈现音乐教师开发豫剧校本课程资源的现状和存在问题。在此基础上，深入教师中，从教师的视角，深入现场分析教师开发利用课程资源具体实践的现实情况。

第一节　问卷调查与访谈设计

关于河南省豫剧校本课程资源开发的现状，我们分别从河南省中小学音乐教学概况、豫剧活动和豫剧校本资源开发情况入手调研。鉴于可参考的豫剧校本课程资源开发的文献数量较少，因此，关于河南省中小学豫剧校本课程资源开发情况，我们以访谈、问卷调查、课堂观察等基本形式进行了解。

---

① Mosteller F. The Tennessee study of class size in the early school grades[J]. The future of children, 1995: 113-127.

一、调查设计与实施

1. 调查对象的确定

本研究分两轮调研,第一轮为整体性调研,第二轮为聚焦性调研,对河南省音乐教育教学及戏曲教学进行摸排,针对性地对河南省中小学豫剧课堂的教学概况和豫剧课程资源开发情况进行调研。

第一轮对河南省 18 个地市基础教育阶段音乐教师进行统计,对小学、初中、高中专兼职教师的基本情况进行初步摸排,了解河南省基础教育音乐及豫剧教学的大致情况;第二轮从 18 个地市中抽取 7 个地市的初中音乐教师和学生作为调查对象,进行精准调研。

2. 调查对象的结构分布

豫剧校本课程资源的开发和利用是学生主体性和教师主导作用的和谐统一。所以,第二轮调查问卷分为初中音乐教师和初中学生两个部分进行,旨在确保调查的精准性。通过考察教师在开发利用课程资源中的认知、行为和评判及背后存在的问题和困惑,积累过程性研究资料,对于提高教师开发利用课程资源的主导作用的真正发挥,进而提高课程实施质量非常必要。

为了更全面地了解豫剧校本课程资源开发的整体情况,对河南省 18 个地市基础教育阶段音乐教师进行统计,对小学、初中、高中专兼职教师的基本情况进行初步摸排。2021 年 5 月,我们从 18 个地市中抽取 5 个地市的音乐教师作为调查对象。2022 年 3 月，又对河南省教学名师团队进行调查。这两次调查均将目光聚焦于初级中学教师开发豫剧校本课程资源的当前现状，其中所涉及的调查时间、区域和人数，见表 2-1。

2022 年的调查中，我们分别对郑州市 88 位老师、新乡市 29 位老师、洛阳市 71 位老师、南阳市 50 位老师、许昌市 33 位老师、平顶山市 30 位老师、濮阳市 25 位老师、商丘市 26 位老师和三门峡市 16 位老师进行了问卷调查。此次调查涉及音乐教师共 368 人，其中，既有省会城市、地级市、县城、城乡接合部学校，也有农村学校。2022 年调查的基本情况如图 2-1 所示。

表 2-1　第二轮音乐教师调查概况表

调查时间	调查区域	调查人数
2022 年	郑州市	教师 88 人
2022 年	新乡市	教师 29 人
2022 年	洛阳市	教师 71 人
2022 年	南阳市	教师 50 人
2022 年	许昌市	教师 33 人
2022 年	平顶山市	教师 30 人
2022 年	濮阳市	教师 25 人
2022 年	商丘市	教师 26 人
2022 年	三门峡市	教师 16 人

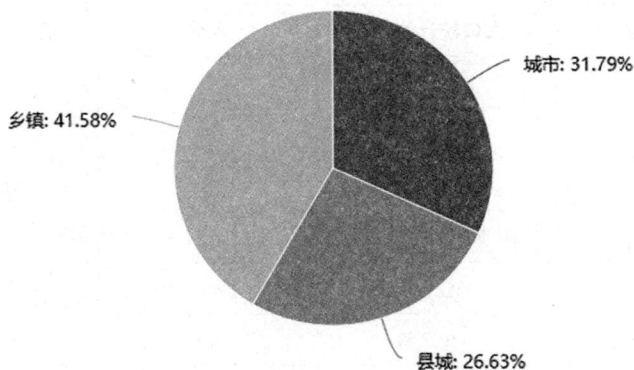

图 2-1 2022 年调查初中音乐教师所在区域图

在 2022 年调查样本的选取方面，根据河南省地区地理特点和教育现状，以分层目标抽样的方式选取了 9 个地市的音乐教师为研究对象，具体统计见表 2-2。

表 2-2　2022 年调查对象的情况表

类型	人口统计学变量	人数	百分比（%）
性别	男	60	16.3
	女	308	83.7
年龄	25 岁及以下	15	4.08
	26-30 岁	61	16.58
	31-35 岁	85	23.1
	36-40 岁	60	16.3
	41 岁及以上	147	39.95
教龄	5 年及以下	67	18.21
	6-10 年	78	21.2
	11-20 年	88	23.91
	21 年及以上	135	36.68

续表

类型	人口统计学变量	人数	百分比（%）
学历	中专或中师	0	0
	大学专科	32	8.7
	大学本科	321	87.23
	硕士研究生及以上	15	4.08
学段	七年级	265	72.01
	八年级	196	53.26
	九年级	83	22.55
职称	未定级	21	5.71
	中学二级	156	42.39
	中学一级	149	40.49
	中学高级	42	11.41
	中学正高级	0	0
学校位置	城市	117	31.79
	县城	98	26.63
	乡镇	153	41.58

由表 2-2 可知，城市教师占 31.79%，县城教师占 26.63%，乡镇教师占 41.58%，农村音乐基础教育有了明显的好转，大大改善了农村音乐基础教育的现状，持续向好发展。初中学校占河南省各级各类学校总数的 20.9%。进入 21 世纪以来，义务教育阶段的艺术教育呈现快速发展的趋势，河南省义务教育事业具有良好的发展势态，但是，不可忽视的是，河南省作为全国第一人口大省，区域之间经济发展不平衡，义务教育在区域、城乡、学校之间还存在着较大的发展差异，并且这

种差异呈现出日益扩大的趋势。义务教育学校之中师资力量极为不均衡，部分农村偏僻地区中专、大专以上学历比率还比较高，城市新进教师学历远高于农村新进教师学历。不少农村地区学校在教师数量、年龄阶段、教学水平等方面都有待完善。同时不同地区、不同学校之间存在办学条件和教师待遇等方面的差异。"一个和谐的社会必然是公平正义的，而教育公平正是实现社会公平的核心要求，义务教育的持续健康发展不仅是其自身的现实诉诸，也是实现和谐社会的基本条件，更是保证社会公平正义的基本前提。"[①] 所抽取的教师样本与了解的教师现状基本一致，可以认为是理想的样本。

4. 调查问卷指标建构及问卷情况

研究者从不同视角对豫剧校本课程资源开发现状进行问卷设计，从不同方位、不同角度、不同层次对河南省初中音乐教师开发利用豫剧校本课程资源进行调查，既有静态的教师对课程资源理解、课程资源开发意识的调查，也有动态的初中音乐教师开发利用豫剧课程资源过程的调查。

2022 年调查问卷在 2021 年调查问卷的基础上，聚焦河南省初中音乐教师、初中音乐课堂、初中音乐教师开发利用豫剧课程资源等，关注教师开发、利用豫剧课程资源，关注课程资源开发的评判；关注中小学音乐教师对豫剧课程资源目标价值

---

① 王菊梅. 河南省义务教育均衡发展的战略思考 [J]. 中国教育学刊 ,2007(5):
　　17-19.

的理解和对课程资源内涵和外延的把握。为了便于施测，我们将部分维度进行混合、随机排列，构成"初中音乐教师开发利用豫剧校本课程资源的调查问卷"。

为了提高调查问卷的质量，问卷初稿完成后，邀请相关专家对问卷的维度、结构、内容、问题设计以及编排顺序等进行整体评价，在专家建议的基础上进行修改后再进行调查，同时，把教师开发豫剧校本课程资源现状调查问卷设置为四个维度：教师理解、认识课程资源，教师开发与利用课程资源，教师对开发校本课程资源的评判，开发豫剧校本课程资源的方式，具体见表2-3。

表 2-3　调查问卷指标建构表

维度	表现	对应问题
教师理解、认识课程资源	对音乐课程资源的理解；对课程资源内涵和外延的认识；对开发豫剧校本课程资源的认识	新课改后,您觉得对课程资源的需求有变化吗？您常用的音乐课程资源有什么？您对开发豫剧校本课程资源有怎样的认识？
教师开发与利用课程资源	学校对课程资源开发的支持程度；开发豫剧课程资源的困惑；豫剧校本课程资源开发的必要性	您认为学校领导在音乐课程资源开发与利用方面的支持程度如何？您认为开发豫剧课程资源的困难是什么？您认为豫剧校本课程资源开发主体是谁？
教师对开发校本课程资源的评判	开发与利用豫剧课程资源的态度；教师开发豫剧校本课程资源的经历；教师开发豫剧校本课程资源的选择标准	您对开发与利用豫剧校本课程资源的态度如何？您有豫剧校本课程资源开发和利用的经历吗？课程资源的选择要满足哪些需要？

维度	表现	对应问题
开发豫剧校本课程资源的方式	对豫剧课程资源的理解； 豫剧校本课程资源的开发方式； 开发豫剧校本课程资源的目的	您认为的豫剧课程资源有哪些？ 您认为开发豫剧校本课程资源的方式有哪些？ 您认为开发豫剧课程资源的目标是什么？

在教师对开发利用豫剧校本课程资源现状调查问卷的设计上，主要从表 2-3 中的维度展开。问卷设计的第一部分设计为开头语，第二部分设计为被调查老师的背景信息，第三部分设计为本问卷的主体，主要对一线音乐老师探索豫剧校本课程资源的实际现状有一个基本了解。问卷共 32 道题，为了提高被试样本答题的积极性，设有单项选择题并采用李克特五点评分法，每个问题设置"非常不同意、不同意、比较同意、同意、非常同意"五个选项，同时设有排序题、简答题。问卷数据通过 SPSS26.0进行描述性统计分析。

5. 研究的信度与效度

本研究在具体的研究设计和研究过程中，根据研究目的和研究内容，通过以下措施提高研究的信度与效度。

（1）通过合理抽样，提高研究信度

我们在研究中采取了目标抽样的方法，确定了具有代表性的、有一定校本课程资源开发经验的学校作为调研对象。所谓"开发经验"是指有豫剧或其他戏曲资源开发和校本教材开发的经历。我们所调研的几所学校涵盖了省会城市学校、

地级市学校、县城及乡镇学校，具有较高的研究信度。信度分析是运用SPSS软件工具分析验证所设计的问卷是否可靠，被调查者的答案与答案之间是否存在矛盾，问卷题目与题目之间是否具有良好的相关性，被调查者的回答是否可靠等系列问题。衡量一个量表的信度，一般看其内部一致性情况，往往用克伦巴赫系数（Cronbach's a）进行检验。信度系数愈高则表示该测验的结果愈一致、稳定与可靠。本研究像大多数研究一样，也采用Cronbach's a系数检验调查问卷的信度结果。

在Cronbach's a判定标准方面，学者吴明隆给出的建议是，Cronbach's a值大于0.9表示信度很高，0.8—0.9表示信度高，0.7—0.8表示信度可以接受，0.6—0.7表示信度勉强接受，0.6以下表示不可接受。[①] 其他学者也对判定标准进行过界定，但在具体的数值上稍有出入。虽然在具体的数值上有所出入，但所有的学者都强调一点，那就是，Cronbach's a值越高，表明信度越好。

见表2-4，在调研合作学校设计问题维度上标准化后的克隆巴赫系数为0.867，越接近1，可靠性越高，这说明调研合作学校维度具有较高的信度。如果把对应的项进行删除，根据删除项后的克伦巴赫系数来看，其值都小于标准化后的克隆巴赫系数。这说明，调研合作学校设计问题维度上的相关题目无须删除或调整。

---

① 吴明隆.问卷统计分析实务：SPSS操作与应用 [M].重庆：重庆大学出版社，2010：244.

表 2-4　调研合作学校的信度检验表

选项	删除项后的标度平均值	删除项后的标度平均值	修正后的项与总计相关性	删除项后的克隆巴赫 Alpha	标准化后的克隆巴赫 Alpha
A1	15.97	5.625	0.681	0.841	
A2	15.92	5.443	0.682	0.842	
A3	15.81	5.785	0.713	0.837	0.867
A4	15.72	5.720	0.685	0.839	
A5	16.03	5.523	0.688	0.840	

（2）确定可行的问卷调查、课堂观察和访谈方法，提高研究效度

根据本研究的目的，制定切实可行的观察和访谈提纲，并征求了相关专家的建议确定访谈提纲的科学性和合理性。以提纲为依据，有针对性地进行深入研究，保证研究过程中的效度。效度是指一个量表能够测量出想测量内容的程度。效度越高，说明测量到的结果越准确，对研究者来说价值就大；反之，效度越低，说明测量到的结果越不准确，对研究者来说价值就越小。一般而言，效度包括建构效度和内容效度。由于本研究属于基础教育应用研究，可以直接使用于基础教育中小学教师专业发展，具有重要的意义和价值，因此对量表的质量和效度要求都比较高。为切实反映量表的效度程度，在测量时一般都要求界定相应的标准。对于内容效度，本研究所使用的是相对比较成熟的量表，内容已经经过多重检验，内容效度相对较高。针对建构效度的测量，则主要使用因子分析法。KMO 检验系

数、Bartlett 球形检验系数是其检测的两个重要指标。通常来讲，当 Bartlett 球形检验的 sig 值小于 0.05，KMO 值大于 0.6 时，就显示该调查结果可以做因子分析，且该问卷的结构效度较好。

在访谈过程中，针对访谈对象的性格、工作环境、工作时间来确定访谈类型和访谈方式，以保证研究过程中的效度。个别教师通过电话形式访谈，再加上牵扯到不同城市的教师，访谈时间战线过长。同时，我们已经告知会尊重研究伦理，不涉及访谈对象的隐私及学校的教育教学现状，但被访谈对象仍有戒心，因此本研究多以"开放式访谈"为主，力求建立一种和谐的、轻松的谈话氛围。在课堂观察后，对任课教师又进行"聚焦式"访谈，这种敞开心扉的谈话方式是谈话双方在融洽的访谈情景中相互"构建"的。当笔者告知谈话对象要采取录音的方式进行交流时，谈话对象难免会有点"收敛"和"不好意思"，为了消除谈话对象的"顾虑"，笔者通过"拉家常"的方式来营造一种"敞开心扉"的环境，然后把录音内容进行整理。

二、问卷调研统计

1. 问卷回收情况

问卷通过问卷星平台进行发送，共收回 1845 份，回收率 100%，有效问卷 1845 份，见表 2-5。

表 2-5 中小学音乐教师问卷发放及收回情况表

学校所在地 发放情况	郑州市	新乡市	洛阳市	南阳市	许昌市	总数
收回分数	406	84	442	319	252	1053
有效分数	406	84	442	319	252	

2. 对教师理解、掌握音乐课程资源调研统计

目前能够支配音乐课程资源的主要有：教材及其配套教学参考占 85.96%，能够利用到专业音乐教室、琴房等教学设备的学校占 55.18%，有电脑多媒体教学辅助设备的学校占 72.95%，有网络平台的学校占 46.99%，能够参考并借助书籍资料的占 46.94%，能够将现有相关学术成果运用于实践的仅占 13.5%，音乐课程在学校不被重视的占 25.58%，可供教师进行音乐教研活动的占 35.07%，艺术基础较好的学生占 11%，教研组织或机构给予辅助的占 17.07%；在"学校音乐课程资源是否能够满足教师日常教学需要？"的调查中，能够达到十分满足的仅有 10.57%，基本满足的占 55.18%，勉强满足的占 29.21%，比较满足的占 4.72%。在"对音乐教师所在学校音乐课程资源开发与利用上是否满意？"的调查中，非常满意的占 13.33%，比较满意的占 36.53%，一般的占 39.78%，不重视的占 7.75%，非常不重视的占 2.6%。

表 2-6 教师理解、掌握音乐课程资源调研统计

课程资源调研统计	使用情况	占比
教材及其配套教学参考	作为主要资源的	85.96%
能够利用到专业音乐教室、琴房等教学设备的学校	作为硬件资源的	55.18%

续表

课程资源调研统计	使用情况	占比
有电脑多媒体教学辅助设备的学校	作为辅助资源的	72.95%
有网络平台的学校	作为辅助资源的	46.99%
能够参考并借助书籍资料的	作为参考资料	46.94%
能够将现有相关学术成果运用于实践的	转化情况	13.5%
音乐课程在学校不被重视的	基本情况	25.58%
可供教师进行音乐教研活动的	学校支持教研情况	35.07%
艺术基础较好的学生	学生作为课程资源	11%
教研组织或机构给予辅助的	利用情况	17.07%
学校音乐课程资源是否能够满足教师日常教学需要?	能够达到十分满足的	10.57%
	基本满足的	55.18%
	勉强满足的	29.21%
	比较满足的	4.72%
对音乐教师所在学校音乐课程资源开发与利用上是否满意?	非常满意的	13.33%
	比较满意的	36.53%
	一般的	39.78%
	不重视的	7.75%
	非常不重视的	2.6%

从上述来看,大多数教师缺乏课程资源开发的意识,对音乐课程资源的理解有限,局限于校内的教材、教参、教室等。在农村仍有大量的音乐教师不教授音乐课,而是担任文化课教学。受教师资格证的限制,只有在优质课比赛中再把自己的音乐专业拿出来施展,但是专业及其音乐教学水平大打折扣。

在学校领导对音乐课程资源开发与利用方面的支持力度上,非常支持的占22.28%,比较支持的占35.12%,一般的占 37.34%，不支持的占 4.12%，非常不支持的占 1.14%。在学生家长是否支持豫剧校本课程资源开发方面，非常支持的占 13.82%，比较支持的占 28.02%，一般的占 50.73%，不支持的占 6.61%，非常不支持的占 0.81%。关于豫剧校本课程资源开发的必要性，非常有必要的占 22.11%，有必要的占 54.69%，一般的占 20.05%，没必要的占 2.55%，根本没必要的占 0.6%。对豫剧校本课程资源开发的态度，非常赞同的占 29.49%，赞同的占 57.13%，说不清的 11.44%，反对的占 1.68%。

从以上数据来看，学校领导对课程资源支持力度也很有限，开明的校长鼓励教师进行课程开发，但是缺乏专家指导，而不支持课程开发的学校领导较多。在家长支持方面，比较支持的家长比较客观，有必要进行豫剧课程资源开发的家长占 50% 以上。但整体上来讲，赞同豫剧校本课程资源开发的还是占上风，也说明了教师及家长都能认识到传统文化对学生教育的价值所在。

关于学校开展有关豫剧的校本活动，戏曲进校园占 61.63%，邀请豫剧专家讲座占 19.3%，开展豫剧校本课的占 13.6%，音乐课堂融入豫剧资源的占 46.07%，没有涉及豫剧校本活动的占 24.61%；有豫剧校本课程资源开发和利用经历的占 18.75%，没有豫剧校本课程资源开发和经历的占 81.25%。在豫剧音乐熟悉程度方面，非常熟悉的占 5.75%，熟悉的占 27.1%，一般的占 52.63%，不熟悉的占 13.71%。在熟练掌握河南戏曲种类方面，没有掌握的占 35.93%，掌握一种的占 41.03%，掌握两种的占 15.77%，掌握三种的占 5.26%，掌握四种以上的占 2.01%。关于是否有开发河南戏曲音乐课程资源、教学效果，效果好的占 8.89%；有但效果一般的占 18.21%；有开发的主观愿望，但不知道如何开发的占 63.47%；觉得没有必要的占 9.43%。

由以上数据来看，近几年戏曲进校园活动有一定的影响力，最起码在形式上师生知道活动是干什么的。戏曲进校园活动也有可能是部分学校最重视的豫剧文化普及的重要资源。而豫剧进课堂是传播、传承豫剧传统文化主要形式。音乐教师也有逐步开发豫剧课程资源的意识，整体上是向好的。

三、访谈设计

访谈法要求研究者通过与被调查者的沟通、交流，在对话中发现问题并获取第一手资料的调查研究方法。讯飞智能录音笔作为访谈工具可以达到较好的音频转换效果。研究过程是，营造谈话氛围，消除访谈对象的过分焦虑，提前思考谈话主体，同时要有预案，在访谈过程中临时出现问题要有应变方案，以真实、客观、全面地反映河南区域内对戏曲教学和戏曲课程资源开发的认知态度。

1. 访谈对象遴选

参与访谈的 7 名优秀的特级教师，他们的年龄分布为 30—45 岁。其中 3 名男性，4 名女性。他们对河南省基础音乐教育比较熟悉，更熟悉自己本区域的教学情况。选择这些优秀的音乐教师作为访谈对象，是因为他们有多年的中小学音乐教学经历，有一定的教学造诣，对基础音乐教育有情怀、有热情，在本地有一定的影响力，能在一定程度上引领地方音乐课程教学改革。另外，我们有多年的中小学工作经历，多次参加河南省中小学音乐教师培训，与老师们也打下了深厚的友谊，对他们的语境也有比较深刻的理解。访谈对象的基本信息，见表2-7。

表 2-7　访谈对象基本信息表

编号	性别	年龄	职称	校内职务	学段	地理位置	社会兼职
1	女	47	高级	地市教研员	1—6年级	地级市	第一届教学名师
2	女	44	高级	音乐教师	7—8年级	地级市	第四届教学名师
3	女	28	中级	音乐教师	1—3年级	省会城市	第五届教学名师
4	男	41	高级	政教处副主任	7—8年级	县城	第二届教学名师
5	男	39	高级	音乐教师	7—8年级	地级市	第三节教学名师
6	女	32	中级	音乐教师	1—3年级	乡镇	第五届教学名师
7	男	40	高级	副校长	4—6年级	县城	第二届教学名师

2.访谈内容确定

研究者为实现访谈基本目标，设计了7个问题，具体可见表2-8。问题1是对课程资源内涵理解方面的调研，问题2是对课程资源开发意识的调研，问题3是从课程资源的开发角度进行调查研究，问题4是探究限制资源开发的制约因素调研，问题5是对豫剧课程资源理解、开发的设问，问题6是对课程资源利用与评价的调研，问题7是从知识视角提问。在具体访谈时，应根据实际情况，对提纲进行调整、转述。在访谈中，从访谈双方都较熟悉的音乐课堂入手，以从上到下的逻辑为基本原则，引导受访者讲述自己在课堂上常使用的豫剧课程资源，并逐步推演扩大谈话内容，从而更可能获取有价值的一手资料。

表 2-8 访谈内容提纲表

访谈维度	具体问题
1. 内涵理解	您目前能掌握和支配的戏曲课程资源主要有哪些？
2. 开发意识	您是否有课程资源开发的想法和冲动？
3. 开发经验	为了能更好地服务于您的教学需要，您开发过哪些音乐课程资源？
4. 制约因素	您认为制约戏曲校本课程资源开发的因素有哪些？
5. 开发设想	您对豫剧校本课程资源的开发有哪些好的想法和建议？
6. 资源利用	您会如何选择和利用豫剧中的资源作为校本课程资源？
7. 知识理解	您认为哪些豫剧知识是中小学生现实所需求的？

3. 访谈实施

访谈时间集中在 2021 年 5—8 月进行。因受新冠肺炎疫情防控的影响，部分访谈通过电话、视频等方式线上进行。同时，研究者提前两周与受访者做好沟通，先告知研究的主题和内容，征求其是否愿意接受访谈，为了避免受访者过于紧张，要做好"闲聊"铺垫。如果受访者愿意接受访谈，则向受访者发送访谈提纲，以供受访者充分准备。提前与受访者确定正式访谈时间，在访谈开始前，征得对方同意的前提下，对访谈内容进行录音。访谈结束后，对录音内容运用"科大讯飞"SR702 录音笔进行转录，通过初步转录，得到转录文字 6 万余字。通过研究者的进一步阅读，删除无关、重复、客套等文字，共得到有效访谈信息 2 万余字。

4. 访谈方法

本研究采用半结构访谈方式进行质性研究，以调查样本中的音乐教师为主要调查对象，同时将范围进一步扩大到教研组织，在面对面与线上电话访谈中获取相关研究信息，以弥补问卷中遗漏问题。另外，对义务教育不同学段的学生以随意、引导等谈话方式，全面了解学生对戏曲文化的认知状态。

5. 访谈材料整理

在访谈过程中不断对访谈对象进行引导性提问，并以访谈最终目的为基本指向，参考访谈实时效果、访谈对象的反应，对访谈提纲不断进行修改。研究者要对访谈资料进行初步整理和进一步整理。借助扎根理论的部分方法，对访谈资料进行编码分析，抽取出有价值的访谈进行归类，提炼出核心类属，以方便分析使用。

6. 访谈的信效度

为确保研究的科学性，形成较为严谨的研究成果，研究者应检验访谈结果的内部一致性。具体方法是，第一次编码一个月后，研究者在原始的访谈材料中对访谈的录音重新编码，仍然采用关键词的分类方法对文本进行编码分析，比较前后两次编码……① 研究结果显示访谈教师体验一致性为 95.31%，大于

---

① 王海平.优秀教师专业发展的动力构成：对 41 位中学特级教师的访谈分析 [J].
上海教育科研 ,2016,(3):45-49.

90%，表明这样的质性分析方法具有较高的信度。

四、访谈主要内容梳理

研究者根据前期设计的访谈维度，进行逐步访谈，先后对不同地市的 7 位音乐教学名师进行面对面交流。在与教师的谈话中我们了解到，虽有个别时候学校会邀请戏曲专家来校讲学，但是绝大部分学校仍然存在着教学方法和教学形式单一、开发主体模糊、开发意识不强等现象。

1. 课程资源的内涵理解

研究者：您目前能掌握和支配的戏曲课程资源主要有哪些？

教师 1：教材、教师用书（教参）、网上搜索资源、邀请专业人士传经送宝，戏曲教学教研活动。音乐学科和其他姊妹学科一样，都有其自身的课程目标，不同的课程目标对课程资源的需求也是不一样的，音乐学科的课程实施是通过具体的教学活动来实现的。

教师 2：首先要考虑的就是教材，教材中的教学内容、教学方法如果学生难以掌握，或者与音乐教师的认知水平还有一定的差距，那就要考虑其他素材。特别是豫剧课堂中，教材上的材料如果教师驾驭不了，就会寻求或开发适合自己教学使用的豫剧资源。

教师 3：我只是在组织教学内容的时候会整合课程资源。

教师 4：有时候为了实现课程目标，会考虑组织、整合课程资源，但不敢说是开发课程资源。

教师 5：老师认为网络资源、光盘、钢琴伴奏谱、学校所有的乐器和功能教室都可被视为音乐课程资源；豫剧中哪些知识适合融入课程资源？在唱腔方面、剧种方面，各种戏曲的特点。

在课堂观察中会发现到，无论是城市的音乐教师还是乡镇音乐教师在课堂上都表现出有开发课程资源的迹象，如豫剧视频内容，教材和教参上是没有的，都是为了处理教材内容而设计的。只不过城市中的音乐教师比乡镇音乐教师使用得更大胆一些，但开发和设计豫剧课程资源的目标定位是以处理教学内容为重，为了方便学生更好地理解。

2. 课程资源的开发意识

研究者：您是否有课程资源开发的想法和冲动？

教师 5：偶尔想过课程资源的事儿，但是没有想着去开发，具体上课过程中会想到如何把豫剧知识融入进去，但是没有往课程资源开发方面思考。

教师 6：我只是认为网络资源、音频、钢琴伴奏谱、学校所有的乐器和功能教室都可被视为音乐素材，但是具体豫剧课堂如何使用和开发课程资源的问题，还真的没想过。

3. 课程资源的开发经验

研究者：为了能更好地服务于您的教学需要，您开发过哪些音乐课程资源？

教师 3：我使用的音乐资源主要就是教材，其中，最擅长的就是把不同版本、同年级的教材合并使用，整合相关内容，目的是拓宽学生的知识面。

教师7：我不知道是不是属于"开发"，我喜欢使用网上素材，如现成的一些教学设计、网上视频、音频等，把别人的讲课视频学习完后，结合自己工作实际和学生的现实需求形成自己的教学设计，为自己所用。

4.课程资源开发的制约因素

研究者：您认为制约戏曲校本课程资源开发的因素有哪些？

教师1：说实话，一线教师没有时间，除了教课以外，还要承担行政事务，这两年艺术学科略显受到重视，音乐教师的日子稍微"好过"点。

教师3：作为一线教师，我有开发课程资源的冲动，但是没有开发的"能力"，真的需要课程专家深入一线进行指导。

教师5：我觉得中小学音乐教师要想开发音乐或者戏曲课程资源，真的需要"抱团取暖"，需要组建一个团队。

5.课程资源的开发设想

研究者：您对豫剧课程资源的开发有哪些好的想法和建议？

教师6：我倒是有个想法，但是一直没有实现，如把孩子们喜欢的"童谣"创编成戏曲小品，如豫剧、坠子、曲剧都可以，朗朗上口，还容易记忆。

教师7：我觉得要充分利用"锣鼓经"，有形、有声、易操作，锣鼓经真的能体现我们中国人的智慧，一行谱例出来，大锣、小锣、鼓都出来了。

6. 对豫剧课程资源的选择利用

研究者：您会如何选择和利用豫剧中的资源作为校本课程资源？

教师 1：说实话，好多戏曲作品适合成人"口味儿"，但适合孩子们的并不多，各种版本教材中的主要唱段基本上就是《花木兰》选段，所以老师在上课过程中选择最多的豫剧资源就是"四功""行当"等，但都不够深入。

教师 4：因为本人并不会唱豫剧，好不容易学上一段，也四不像，所以我就喜欢在网上下载现成的视频片段，在老师的引导下进行学习。

7. 对豫剧课程知识的理解

研究者：您认为哪些豫剧知识是中小学生现实所需求的？

教师 1：知识是一个大的概念，能不能这样理解，豫剧知识也就是地方知识、地方文化，中小学音乐教师有责任、有义务把地方最优秀的文化继承和发扬下去。

教师 2：我认为中小学阶段要根据学段来理解豫剧知识，小学低段、小学高段、初中阶段、高中学段的需求是不一样的，小学低段就是简单了解、初步认识，小学高段要尝试表演、实践，高中学段就要上升到理解层面了。初中阶段要深入"知识"层面了，高中阶段就要有"价值"层面的内容了。

基于以上分析，教师在实施课程资源开发中的理想情况应该是如图 2-2 所示，教师要有"专家思维"来整体思考，令课程标准与教材和教学评价保持一致，始终要提醒自己"为什么要开发？"和"如何开发？""如何利用？"的问题，既要对地域、学校、学生的实际情况进行分析，又要对教材进行学科分析，同时还要对具体情境、课程实施的相关因素、教师自身、环境等进行分析。具体情境的分析以及目标、教材的分析不能只停留在教学设计上，而是要贯彻课程实施的始终。

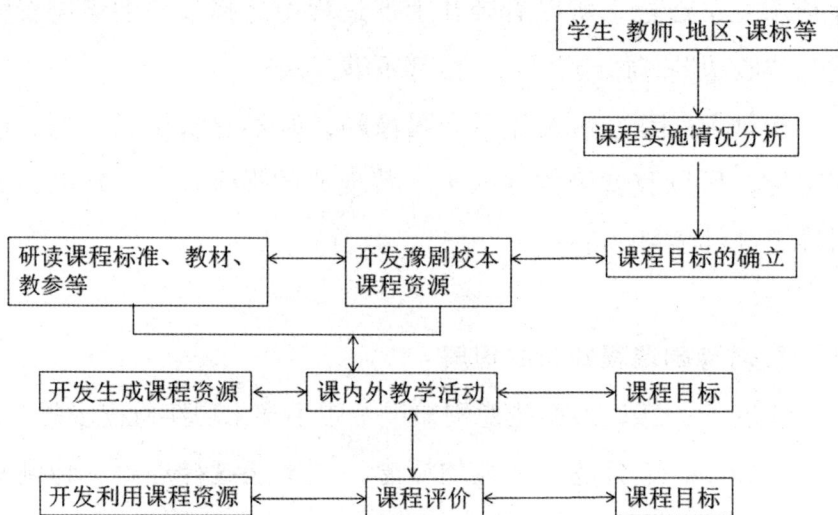

```
                              ┌────────────────────┐
                              │学生、教师、地区、课标等│
                              └──────────┬─────────┘
                                         ↓
                              ┌────────────────────┐
                              │  课程实施情况分析    │
                              └──────────┬─────────┘
                                         ↓
┌──────────────┐   ┌──────────┐   ┌──────────────┐
│研读课程标准、教材、│←→│开发豫剧校本│←→│ 课程目标的确立 │
│教参等         │   │课程资源   │   └──────────────┘
└──────────────┘   └────┬─────┘
                        ↕
┌──────────────┐   ┌──────────┐   ┌──────────┐
│开发生成课程资源│←─│课内外教学活动│→│ 课程目标 │
└──────────────┘   └────┬─────┘   └──────────┘
                        ↕
┌──────────────┐   ┌──────────┐   ┌──────────┐
│开发利用课程资源│←─│ 课程评价  │←─│ 课程目标 │
└──────────────┘   └──────────┘   └──────────┘
```

图2-2　教师开发豫剧校本课程资源的理想状态图

　　作为一线的中小学音乐教师，在与各地市音乐教研员和音乐名师进行教学交流时发现，虽然教育理念、价值追求相似，但对学生学习过程的理解并不完全一致，特别是在豫剧以及其他戏曲教学方面，大家的看法有很大程度的不同。有些教师关注概念的转变，以及从量变到质变的顿悟过程，豫剧作为地方类大剧种，学生简单了解即可；有些教师关注学生动手实践能力，特别是在戏曲教学中，如果没有动手实践、亲自体验的过程，学生就不可能学到真正的知识；有些教师认为豫剧作为中国传统文化，要强调学生在教育中的情感变化，将豫剧转变为科学的学习志趣。

第二节 中小学豫剧校本课程资源开发中存在的问题

一、价值取向上过于强调学科文化知识

豫剧校本课程开发在河南部分中小学确实取得了一定程度的进展。虽然仍受应试教育的主导，但河南省部分学校根据自身的教学实际因地制宜，利用多种途径普及并推广豫剧艺术，也获得了相应的发展。但根据以上分析不难看出，豫剧校本课程在河南中小学校园中实施得仍不太理想。从课程实施的各个主体来看，教师、学生、教材以及大环境等都存在一定的发展问题。综上，我们将从以下几个角度梳理当前豫剧校本课程资源开发中存在的困境。

1. 过分强调应试教育，忽视艺术教育

在当前的大环境下，艺术教育如何回到科学发展的创新实践与艺术素质上来，是个教育理念的问题。艺术教育具有艺术实践的性质，有着早于应试教育的悠久历史，虽然国家一直在强调素质教育和学科核心素养，但在残酷的升学压力下，艺术教育的处境仍然尴尬，口号震天响，动作非常小，形式大于实质内容。在现实教育环境中，都明白应试教育背离现代教育科学，可家长、学校、教师还在疯狂地追求成绩和升学率，导致艺术

教育受环境条件影响得不到足够的重视，所以说艺术教育从未有过与语文、数学、英语等相对等的地位，因此学校对其选择性的忽视，进一步导致学生和家长也无法明白艺术教育的重要性和科学性，对艺术教育本质认识不足。

但是，艺术教育恰恰是素质教育中不可或缺的重要组成部分，在培养符合新时代发展需求的新型人才的教育过程中无法替代。它的价值在于不断提升人的精神世界。西方学者将艺术看作一种工具，把对艺术的思考转化为对哲学问题的探究。笔者认为在中小学阶段，应把艺术课程与其他课程相结合，开设综合性艺术课程，考虑中小学生的身心发展阶段，充分利用艺术教育相较于其他学科更生活化、个性化、情景化的特征，如在综合艺术课程中，综合多样的艺术元素，将豫剧中的多彩故事与形体舞蹈、人物形象等融为一体，以获得艺术美感的初步体验。由此，戏曲课程的综合艺术性也是其他艺术类无法比拟的，这也是笔者坚持豫剧校本课程资源开发的目的所在。

2. 校本教材作为豫剧重要课程资源的缺失

校本教材的缺失是影响河南地方戏曲校本课程开发与实施的重要因素。经我们调查了解，有关河南地方戏曲、曲艺等传统文化的校本教材的确有限，但也有成功的案例，如洛阳的河洛大鼓，平顶山的河南坠子，濮阳的豫剧等校本教材。而且其使用范围较小，有的局限一所学校、一个行政区域等。现存校本教材中所采用的一些本土戏曲内容丧失部分的严谨性，个别作者甚至为了政治性意义，在编写曲目时进行部分的内容意义歪曲，不同程度会造成所讲故事内容不符合学生的认知特性，同时，豫剧课堂教学中所选取的唱曲脱离学生，其唱词晦涩、唱腔独特、难以模仿与学习，这不仅给音乐老师的授课加大了难度，同时也降低了学生学习戏曲的热情。还有个别的学校并无校本教材，而是由音乐教师自行选定内容，科学性丧失。

从校本课程资源的载体来看，文本资料是目前学校最常见的音乐课程资源的载体形式，在教学中出现了唯教科书的错误指向。深入走进学校豫剧课堂，发现教学中对现有的新媒体资源并没有有效地运用，更不谈利用实事资源、当地人文资源、校内校外资源等进行课程资源的开发与利用。从课程资源的空间分布上看，多重视对校内课程资源的开发与利用，将学生、豫剧、艺术、音乐局限于课堂的方寸之间，对校外课程资源的开发利用远远不够，忽视对校外艺术馆、歌剧院、博物馆等校外资源的开发利用，造成了资源的极大浪费、课程的固守成规。从课程的开发主体来分析，戏剧专家是校本课程开发占比最大的主体，但从事具体教育教学工作的一线教师、与课程紧密相关的学生和家长处在被忽视的位置。目前，豫剧资源的大量流失和浪费造成教师教学故步自封、学生学习兴趣下降等一系列连锁反应。研究者认为，应跳出书本、课堂、学校来开发豫剧校本课程资源，充分实现人力、物力、财力、环境等因素的整体资源优势，打破结构单一的局面。

3. 学生对豫剧及地方戏曲认知不够

从教学主体出发的一个非常重要的问题是学生对豫剧及河

南地方戏曲缺乏兴趣，因此，不容忽视学生学习兴趣发展的内驱力，应讲授学生感兴趣的事。在课堂上吸引学生的兴趣，不仅可以提高课堂教学质量，还会让学生在爱与快乐的氛围中成长，让学生真正感受到艺术的魅力，从而爱上戏曲。但是调查结果显示，当前学生对于戏曲艺术的兴趣比较低下，一旦丧失对戏曲的兴趣，那么，再优美的声音、再独特的魅力都走不进学生心中，不能真正发挥戏曲的艺术教化作用。因此，在研究中明确学生缺乏兴趣的原因是十分必要的。

据调查了解，中小学生对豫剧及河南地方戏曲存在认知度不高、认知偏差、缺乏兴趣等现象。首要原因是学校对校本资源的开发与利用不够全面，戏曲学习氛围不浓。在戏曲课堂中，没有让学生对戏曲有基本、全面的认识，缺乏戏曲实践活动，忽视学生对戏曲情感的培养，学生对戏曲不了解、不欣赏、不实践。较难使学生真正了解与喜欢豫剧及河南地方戏曲的原因有二。

其一，学生心理原因。中小学阶段，学生正值身心发展的重要阶段，这一阶段学生的身心发展较不成熟，加之当今社会多元网络文化的冲击影响，学生对于新鲜、不同、流行有着更高的向往，而对于戏曲这一传统文化则认为是"老一套""过时的"，很容易对这类文化产生抵触情绪，心理上总感觉豫剧音乐的旋律走向起伏较大，不易学习，独特的唱腔难以模仿，因此在对豫剧的学习中难以获得成就感，进一步丧失对本土豫剧学习的兴趣。

其二，教学方法不够多元。经过走访调查发现，教师在课堂教学中运用的教学方法较为单一，教师自身的戏曲素养限制了师生在课堂上可互动谈论的话题，对书本进行循规蹈矩的讲解，课堂上真正的戏曲表演展示则是少之又少，久而久之，这样的教学模式使得学生参与课堂程度大大减弱，兴趣也就逐渐降低。戏曲的学习变得枯燥乏味，教师无法真正激发学生的学习热情。

二、课程资源开发的模型低效

在调研中发现，学习资源缺乏、学习途径单一化难以满足学生的戏曲学习需求，并且难以激发学生潜能。基于此，中小学校开发利用多样化的校本课程资源是拓展学生学习渠道、课程改革的一个重要举措。但是对于中小学音乐教师来说，还存在模型低效、缺乏开发技能方面的困惑。

1. 校本课程资源开发理论知识的欠缺

充足的专业知识储备是教师进行校本课程开发的首要基础，否则教师就仅仅是课程实施的执行者，而非研究者。教师进行校本课程开发的同时必须完善其理论知识体系。调查发现，中小学教师因工作琐碎缠身，缺乏对理论学习的热情，关于教育理论方面的专业知识杂志，只有极少数教师订阅，对教育理论知识的忽视成为中小学的普遍现象。

另外，知识局限于教材的现象比较多。关于校本课程内容的学习，学校也并不重视，进一步加重教师在该方面的知识明显不足。

2. 信息堆砌的简单开发

课程资源的开发，不同老师、不同的课型有不同的理解、不同的开发方式。但是，在课堂上堆砌信息不是一种很好的课程资源的开发方式，必将浪费大量的课堂教学时间，知识缺乏系统性，不构成体系。为了全面提高学生的音乐学科素养，需要开发、补充、引用戏曲课程资源，同时，课程资源开发活动使学生在社会的大课堂中观察、调查、获取信息，能够接触到社会上的相关知识，不但能够拓宽学习途径，还能延伸学习内容。

3. 信息化素养欠缺

中小学音乐教师信息化素质低，不能适应信息迅速发展的社会，偶尔的信息化学习是为了完成某项任务，而不是有计划的系统学习，实际操作能力差。另外，随着教师年龄的增长，获取信息的能力也在降低，有的教师拒绝接受新鲜事物，固执己见，教育观念陈腐，跟不上教育信息化的步伐。

三、课程资源开发的方法有失偏颇

音乐教师对本土豫剧校本课程资源开发领域依旧带有诸多疑问，对于校本课程资源的界定与进一步发掘常感到无从下手，缺乏课程资源开发意识和开发技能等，这无外乎有以下几个方面的原因。

1. 教师观念陈旧，课程资源意识淡薄

在多年来应试教育的不良影响下，功利性的评价指标和行

政化的指令式课程实施方式充斥在中小学之中，教师一直是国家课程的实施者，长年从事机械性的工作，也没有闲暇时间来思考课程及资源问题，甚至也不愿意成为课程资源的开发者，所以造成教师课程开发意识不强。具体表现在，无论是在师范生培养计划中，还是在教师的职业培训中，教育理论、教育方法、新课程改革以及核心素养等被多次提及，而真正技术层面的培养则是少之又少，不少教师将教书教学局限于单薄的课本知识，讲解教材占据教学的全部内容，当前教师课程资源开发意识十分薄弱，不仅造成了课程资源的浪费与流失，还阻碍了一线戏剧教育的审美性和育人教化作用的发挥。

2.教师专业窄化，缺乏戏曲素养

通过实证调查研究发现，当前进行地方豫剧教学的相关教师多数未经过专业系统的戏曲学习，教师主要通过网络资源进行备课学习，戏曲教师的培训事宜还没有走向正轨。尽管部分经济发展水平较好地区的学校会通过邀请戏曲专家讲学的方式提供相关培训，但是对于绝大部分地区的学校和教师，网络自学依然是当前戏剧一线教师自我提升的基本途径。教师先有一桶水的储量，才能教给学生"杯水"知识，随着当前网络的迅猛发展，教师需要更高的专业水平和更强的课程开发意识，如此才能获得长足发展。教师戏曲素养不足必然会导致其课堂魅力的缺失，学生学习兴趣下降，戏曲艺术的熏陶教化作用更是无从发挥。豫剧表演极其考验专业功底，缺乏专业素养的教师难以展现豫剧的艺术魅力，在课堂中并不能给予学生良好的课堂艺术氛围，也难以唤起学生的戏曲学习热情。

另外，豫剧校本课程资源开发要体现河南的地域特点，从民族文化学的角度考虑，而教师在开发中单单从知识、技能层面思考，忽略了本土文化、民族文化教育。因此，应激发本民族对传统优秀文化的认同，对中华传统优秀文化传承、创新、发展，在全社会营造一种浓厚的传统文化氛围。作为新时代教育工作者，我们有责任和义务了解、认识、欣赏本文优秀文化，挖掘本文文化中可利用的丰厚教育资源，将对传统文化的传承与创新带进课堂，培植祖国新一代对河南传统优秀戏曲文化的认同与热爱，培养年轻一代豫剧传统文化的传承者。

3. 学校不够重视，缺乏专家指导

据调研发现，大多中小学音乐教师既没有课程资源开发意识，也没有基本的戏曲素养，更没有课程专家的专业指导，导致在课程资源开发中无所适从。部分感兴趣的音乐教师开发课程资源时，因为在设计、实施过程中缺少课程专家的指导，会出现对知识的随意选取、课程的简单整合、资源开发盲目无章、虎头蛇尾等现象。再者，学校和领导的支持非常重要，教师的努力参与需要得到学校领导及社会的理解和支持，校本课程资源是以学校为主和学校自主决定的课程资源，教师开发课程资源的积极性取决于学校及领导的重视程度，学校的重视程度决定着家庭、社区的参与程度。

4. 方法偏颇，缺乏资源使用的转化能力

课程资源的应用能力是指教师把课程资源转化为教学内容

的能力。对课程资源的重新建构与转化是教师进行的创造性工作。然而在具体的实践过程中，不同教师的资源转化能力不尽相同。针对同一个课程资源，不同的老师也会有不同的理解与转化。受学科素养所限，有的教师可以把课程资源应用到极致，有的却造成浪费。并且，教师要灵活掌握现代教育信息技术，利用教育信息技术进一步提升课程资源转化能力。多年以来，行政化的指令式命令大行其道，中小学教师常习惯于执行命令，而非开发与创造课程，加之在教师培训方面也很少涉及课程资源开发这一领域，所以中小学教师在课程资源的甄别、探索和应用方面能力欠缺。

四、课程资源开发主体虚置

教师和学生在成长过程中都会受到不同的外部因素的影响，同时，也会受到教师自身能力和心理因素的制约。师生的个人能力、角色定位、家庭因素，以及外部的工作氛围、教育政策、评价机制、学校管理等都会不同程度地影响其成长和发展。教师主导、学生主体，其实是一种泛在的说法，在课程资源开发的教育教学活动中，实际存在着"主体虚置"现象。

1. 教师缺乏豫剧课程资源开发和主体意识

在课程实施中，教师不但是知识的传播者，还是课程忠诚的执行者。但是在课程的执行中，教师被动、消极地接受和教授，照本宣科的教授方法已不适应社会发展的需要。课程资源的开发需要教师的角色转变，回归主体本位，教师是课程资源开发的主导者，主体性的地位加深了教师对自己角色转变的理解。从另一个视角看，教师只有找到自己的主体位置，明白自己的角色定位，才能承担起课程资源开发应有的责任。学校作为课程资源开发最强有力的支持者和指导者，要扮演好"顶梁柱"角色，要给予教师最大的支持力度，激发教师课程资源开发的激情和活力，促进教师角色转变，帮助教师从教师专业发展的角度去认识课程资源开发的意义，树立正确的课程资源开发观，提高课程资源开发的技能。

2. 开发者缺乏课程资源开发意识和课程资源观

多元的课程资源开发主体，决定着课程资源开发是否能够顺利推动，是弥补中小学课程资源不足的有效措施，但开发主体的课程资源意识不强，使教师、学生在课程资源的使用上局限于教材、教参等。资源上受限、意识上淡薄，似乎已成为一种常态。其原因主要有以下几点：一是受应试教育影响，功利的教育价值观，使学校、教师和家长的大部分精力都放到了文化知识的培训上，类似于体、音、美的"小学科"得不到重视；二是学校在教师评价上，把文化课成绩作为最重要的绩效考核指标，教师的精力主要集中在课堂文化课教学方面，很少有机会参与专业的课程培训，久而久之就无法在心中树立正确的课程资源意识；三是忽视了课程资源开发对个人教学的帮助，课程资源开发活动往往和学生的生活紧密联系，开发过程可以给学生提供主动参与、交流合作、思想碰撞的机会；四是忽视家庭和社区的支持作用，社区文化素材的积累欠缺，社区文化以及家长个人能力都可以转化为课堂有效资源，只有如此，才有可能笼络各种资源和学校课程有效地融合，更好地让课程资源发挥其应有的价值。

第三节　中小学豫剧校本课程资源开发存在问题的原因

在本节研究中，我们主要运用课堂观察法和访谈法来整体了解河南省中小学及音乐教师在开发豫剧校本课程资源的普遍状况和困惑。通常来说，开发者在开发豫剧校本课程资源时，首先要考虑的就是"为什么要开发""怎么开发""怎么用"的问题。由此，我们就从为什么开发、怎么开发、如何使用等三个方面进行考察和分析。

一、对豫剧课程资源的认识过于单一

首先，课程目标依靠课程资源来实现，没有资源上的支撑，课程目标就成了无源之水，但是把课程资源理解为单一教材的话，这个支撑有可能显得"苍白无力"。河南地区戏曲资源丰富，然而，由于课程开发主客观因素的影响，中小学阶段戏曲课程资源开发还停留在浅层表面，在调研过程中，教师们的说法不一，在理解上比较狭隘。本研究主要是豫剧课程资源开发，旨在改变中华文化为"母语"的音乐教育缺失的状况，因此有必要在学校音乐教育中加强中华优秀传统文化的教育。豫剧作为全国地方最大剧种，学生有责任、有义务来传承地方戏曲文化，就像语言方面熟悉"母语"那样地熟悉本民族的音乐文化。

在这一变革中，"母语音乐教育是中国音乐文化长久发展的历史积淀，以中华文化为母语的音乐教育在教育中促进着文化传承，因此要培养教师的教育观念和创新精神，以适应母语音乐教学的新环境"①。弄清了豫剧课程资源开发的目的，就要对豫剧课程资源有整体性的把握，由此，仅仅限于教材上的豫剧素材是远远不够的，需要集聚资源要素，拓展豫剧课程资源外延，丰富豫剧课程资源。

其次，在调研过程中发现，教师对课程资源内涵的理解要么片面化，要么泛化，都不利于对课程资源的真正认识。教师往往对外在的、能看得到的物化的资源理解和接受程度比较高，而对校外和一些隐性资源的认同相对低下。另外，在课程资源价值认同上存在一定偏差，偏离了豫剧课程资源开发利用的轨道，针对"迎合"学生口味儿的资源，或者仅限于教师"偏好"的课程资源比较多，而对音乐学科等课程资源的关注不够。

吴刚平教授指出，"从理论上讲，即使条件相对落后的西部地区、农村地区，课程资源特别是素材性资源也是丰富多彩的，真正缺乏的是对于课程资源的识别、开发和运用的意识与能力"。②教师只有具备课程资源开发的意识，才会对课程资源有一定自觉性、警觉性和敏锐性，这就迫使开发者时刻认识、识别、捕捉课程资源。

---

① 耿浩."以中华文化为母语的音乐教育"文献综述 [J]. 北方音乐 ,2019(16):129-130.

② 吴刚平 . 课程资源的理论构想 [J]. 教育研究 ,2001(9):59-63,71.

二、缺乏豫剧校本课程资源开发的理论基础

校本课程资源仍然处于从理论迈向实践的阶段，开发者不但缺乏敏于发现、勤于研究、善于捕捉的意识，还缺乏课程资源开发的依据，这就需要构建开发思路和维度模型。

1. 教师需求

教师构建豫剧课程资源开发思路和维度模型的基本原则是什么呢？一是要树立科学的课程资源观，不断改变和提高课程资源的意识，不能一味地跟风、求新、求好、求高大上，也不能一味攀比、追附，而是要符合现实需求，不切实际的想法和要求就不要考虑。二是在课程资源开发利用上，要有精准性，不能盲目。开发的资源是否能引起学生的强烈兴趣，为教学的展开服务好，既不与教材资源重复，又不能超过学生的认知能力，切实利用好教育哲学、学习理论和教学理论三个筛子[①]来进行资源筛选。三是中小学教师要在头脑中形成课程资源概念，通过对课程资源的开发实践来加深对课程资源的相关知识。

2. 学生需求

维度模型的构建以"学生需求"为中心，以《义务教育艺术可而成标准（2022 年版）》和《普通高中音乐课程标准（2017年版，2020 年修订）》为依据。维度模型设计要能预测教学及

---

① 朱慕菊. 走进新课程——与课程实施对话 [M]. 北京师范大学出版社 ,2002: 223.

学生的需求，如果在检验过程中所开发资源达不到学生的学习预期，那就说明模型构建不成功。这就要求维度模型直观易懂，需要特别的抽象处理，要符合中小学阶段师生的认知品味，学生需要的是有时代动感的戏曲资源，需要的是能和其他学科融入的课程资源。

三、缺乏豫剧校本课程资源开发的相关技能

目前，大多中小学校已经开始关注课程资源的开发和利用，但几乎千篇一律，开发的校本课程缺乏地方和学校特色，缺乏顶层设计，无明确的办学思想和教育理念，缺乏办学愿景，时常围绕着应试教育机械地打转，无暇顾及校本课程及课程资源的开发，长此以往，学校、教师在课程意识和开发技能上就会打折扣，不知道如何下手才能开发出高质量的课程资源。具体表现如下。

一是在课程资源开发目的上，没有弄清课程资源开发是为了丰富学校课程，是为了有利于达到课程目标和实现教育目的的资源。二是在课程资源筛选上，没有思考好如何把弥散在学校内外的方方面面的资源进行分析、筛选，然后转化成可供师生使用的校本课程资源。三是在课程资源建设上缺乏再加工，简单地使用已有的国家教材，没有想到整合、重组等。四是在校本课程资源的利用上，只是简单地模仿使用，使用过程中发现问题时，缺乏搜集、整理的意识。五是在课程资源评价上，只考虑到教师使用方便，忽视了学生的接受程度，缺乏对课程资源的有效判断。

基于此，豫剧校本课程资源开发需要优化开发路径，需要给中小学音乐教师提供理论帮助和实践借鉴，以学生的音乐需求为中心，开发出符合学生认知规律的、丰富的豫剧校本课程资源。

四、主体参与及投入效能低下

1.教育活动主体

有关主体教育思想的探索，教育史上存在多种不同的理论观点和实践模式，其中有影响的有以下三种：一是传统的教育模式；二是以学生为中心的教育模式；三是"以学生为主体，以教师为主导"的模式，代表人物分别有赫尔巴特和杜威等。第一种模式强调教师的权威，第二种模式强调以学生为本，第三种模式强调了教师和学生各自的角色。以教师为主导的观点，也是现行的主流观点，这种理论上的观点往往在实践过程中会导致一种倾向掩盖另一种倾向，常常出现教师的"主导"要高于学生的"主体"的状况。在教育教学活动中，教师和学生分别扮演着教育行为的主体和自身生活学习和发展的主体的不同角色。现代教育过程是教师与学生"双主体"协同活动的过程，其核心目标是培养和发挥学生的主体性，通过建构学生的主体活动，完成认识和发展的任务，促进学生主体性发展。[①] 建立平等民主、相互尊重的新型师生关系是实现这一核心目标的关键所在。

---

① 王凡录.现代教育是主体间性教育 [J].新疆广播电视大学学报,2004(4): 22-
23.

然而，在现实教育教学实践过程中发现，师生间的双向互动或者多向互动并没有完全体现，误认为课堂上教师提问、学生回答的互动环节就是体现学生的主体性。事实上，在教育过程中，教师并没有通过小组讨论、展示评议、师生互动来创造民主和谐的育人环境，缺乏组织性的、规范性的各种教育活动，只是机械地完成各自的任务而已，没有从主观上考虑把学生培养成自主的、敢于实践的社会主体。

综上可以看出，教育主体是一个多元、多层次结构的不同主体性的客观存在，既包括了作为认识和交往活动的人的主体，也包括了区域教育功能主体和学校群体主体。多元、多层次的教育主体拓展为学校、家庭和社会三位一体的文化生态环境，拓展为包括学校的学生和教师、学生家长、各级教育行政部门、社会群体、企业人员以及智能网络时代各种媒体在内的多元主体，形成了主体教育多元、多层次、独特的结构形态。[①] 从教育的育人功能与社会功能之间的关系来看，二者的关系应该是相辅相成的。主体性教育认为，在育人的基础上，借助育人功能直接性和社会功能间接性的特点来实现教育的所有功能。如果教育离开了对人的培养，教育的社会功能将会荡然无存。如果过分注重育人而派生出来的社会功能，不重视人在教育中的主体地位，盲目跟风，必将导致本以人的全面而自由的发展为目的的教育成为"忽略人"的教育。教育的出发点还是要归之于人，应以育人为本，重视人的自我发展和个性释放，确立受教育者

---

① 裴娣娜. 主体教育的实践生成与发展 [J]. 教育研究, 2022 (11) :18-20.

在教育活动中的主体地位，激发受教育者的能动性、自主性和创造性，把受教育者培养成能为社会发展做贡献的社会历史活动的主体。

本研究的教育活动主体主要指教师、学生"双主体"：一是教师，教师要率先垂范，以自身的影响促进学生的身心发展，要有计划、有目的地对受教育者进行施教；二是学生，学生主动地而不是被动地接受教育，学生具有主观能动性，教师作为指导者为学生提供帮助。二者都是有主体意识的人，二者都是主体，同时又都互为认识的客体。

2. 豫剧校本课程资源的开发主体

在本书中，笔者将学校、教师、学生、家庭、社区都列为豫剧课程资源开发的主体。我们要把学生当成真正的"人"，学校、教师、家庭、社区都应关注学生成长需要。"倡导探究性学习"是新课标的重要理念之一，要实现这一目标，仅靠教材和课堂上的四十五分钟是远远不够的。有学者提到，凡能引起教学反应的事物都可以视为课程资源，要让学生尝试去开发、实践和体验，在开发过程中容易找到兴趣所在，也更容易把特长发挥得淋漓尽致。由此，在课程资源开发过程中，学校、教师、学生、家庭和社区都要发挥各自的作用。如教师为学生提供参与课程资源开发的实践活动机会，学生的创造性思维可以为教师提供智慧帮助、丰富教材。我们要鼓励学生大胆质疑、大胆实践，成为教师开发课程资源得意帮手。

教师在开发和应用课程资源时，还要考虑与学生建构不同的学习任务。在豫剧校本课程资源开发中，师生共同参与开发和编写，给课程资源开发设置留白，体现其开发性。教师往往疲于上课环节，"教教材""搬书本"，视学生为"知识容器"，学生为知识的被动接受者。课程资源有其开放性和共享性特征，如何让师生丰富的生活经验和多元的课程资源进入课堂、进入教学过程是课程资源开发者首要考虑的核心问题，同时还要根据学科的教学目标、单元目标来筛选课程资源，要凸显课程资源潜在的教育价值，改变中小学课程资源单一的现状，提高课程资源的丰富性和多元性，在应用课程资源的过程中完善教师知识结构，提高教师教学能力，促进教师开发课程资源的积极性。

本书的所指开发主体为"多元主体"模式，学校、教师、学生、家长、社区都属于豫剧课程资源开发的主体，同时强调课程资源开发的主体性"在场"。课程资源开发主体之所以虚置，是因为主体性"不在场"，家长和学校都是家校合作的主体，但未能参与到家校合作中来。从数量上来看，数量缺失；从结构上来看，角色结构失衡。为此，本书的主要目的就是提供"多主体"回归的场域，通过课程资源开发的平台，真正发挥学校、家庭、社区在促进学生全面发展中的"重要组织"和"集群"作用。

第三章

中小学豫剧校本课程资源协同开发三维模型建构

> > >

在我们周围存在着不同形式的、大量的课程资源，既有显性的存在，又有隐性的存在，在实践教学过程中，关键是要合理开发和利用课程资源，达到课改的预期目标。开发者如果要对繁杂的课程资源进行必要的梳理和归类，就需要一定的理论支撑和具体策略。本章主要阐释豫剧课程资源开发的理论依据、开发思路、维度模型构建分析，以此建构中小学豫剧校本课程资源开发整体思路。

第一节　豫剧校本课程资源开发的理论依据

一、建构主义理论

1. 建构主义的理论流派

维果茨基(Lev Vygotsky)的心理发展理论和让·皮亚杰（Jean Piaget）的发生认识论奠定了建构主义主要的心理学基础。建构主义讲述两大原则：一是个人建构其自我理解，二是所有知识是社会性的建构。前者发端于皮亚杰的"主体中心"建构理论，后者源起维果茨基社会文化心理学的社会建构主义。①

所谓"社会建构主义"（social constructionism），也就是知识和理解是认识主体建构的，在这里强调的是在人与人的相互交往和作用之中，建构自己的知识和认识。这种知识建构

① 胡忠坤，舒海英. 应用型高校翻译工作坊教学模式应用框架研究 [J]. 哈尔滨职业技术学院学报 ,2022(3):152-154.

的活动是在社会文化的背景之中，作为个人的认识活动与社会文化情境的交互作用的结果形成的。[①] 社会建构主义还提醒我们，"知识是学习者各自能动地进行信息搜集，在各自的情境与语脉中建构的。教学不是单纯地记忆信息，而是搜集适于情境的信息，并同既有知识关联起来重新建构的"。[②] 因此可以说，"远离学习（心理）理论的教学理论是没有价值的。这就要求教师适应学生甚于要求学生顺应教师，这才是教师的工作"。社会建构主义提醒我们，学习不是"个人头脑中的符号操作，学习是同环境、他者'协调'，'构筑'知识的行为"，知识的建构是在社会开放的系统之中建构的，利用人与人相互作用的契机而建构，不是自我封闭的。

2. 建构主义的知识观理解

主动的建构知识也是学习者学习的重要组成部分。建构主义在其基础上假设"知识不是传播的，它是建构的"。建构主义理论有各种各样的变体，也许是因为基本假设被广泛接受了。建构主义知识观认为，知识只是一种解释、一种假设，它并不是问题的最终答案，也不是对现实的准确表征。在建构主义学派中，有个人建构主义者和社会建构主义者。个人建构主义者

---

① 钟启泉. 社会建构主义：在对话与合作中学习 [J]. 上海教育 ,2001,(7): 45-48.

② 钟启泉. 知识建构与教学创新：社会建构主义知识论及其启示 [J]. 全球教育展望 ,2006,35(8):12-18.

一般认为"学习来自对知识的个人解释"，而社会建构主义者一般认为"学习是协作的，从多个角度协商意义"。一些建构主义者会在他们的哲学中加入情境主义的元素，建议"在对学习者来说是现实的、知识日常应用中常见的情境中提出问题"，为学生提供"真实学习"的机会。[①] 所谓知识观，就是在头脑中将知识的认识、看法和其他相关概念综合起来。它要解决知识的概念、知识的形态、知识的主客观性质等问题。在建构主义者看来，知识是客观的，但需要通过个人的主动建构而获取；知识仅是主体对客观世界的理解和解释，而非绝对真理，故不能脱离个体而独立存在，由于个体经验和背景的特殊性，建构知识的过程是个体主动完成的。建构主义知识观引起了中小学教育工作者对如何帮助学生建构知识、主动思考和探究等问题的思考，并引发了关于教学内容、方式和方法的一系列广泛变革，为中小学教育实践的发展提供了强有力的理论基础。

"建构主义是为未来学校准备的教育思想。"后现代课程观以建构主义更为强调学生主体的人本主义学习观为哲学和认知心理学基础。这一理论强调，学生在原有知识经验基础上主动地对知识进行建构和理解，学习过程是在社会文化互动中完成的。由此，不同于传统的学习理论强调知识的客观性与确定性，在建构主义者看来，知识并非对现实的准确表征，或者我们通常所理解的教材、文本、视频以及教师在课堂上的示范、板书

---

① Yoon J S, Kerber K. Bullying: Elementary teachers' attitudes and intervention strategies[J]. Research in Education, 2003, 69(1): 27-35.

等现实中的准确表征，它只不过是基于自身经验的一种理解和假设而已。这样的知识就不再具有唯一正确性，而是具有动态性和因人而异的多样性。与此相应，学生的学习目标就不再是简单获取知识，而是获得对知识的深层理解。这种深度学习，无法靠教师的单向度传递来完成，应由学生根据自己个性化的经验，去完成自己需要的知识建构并形成知识结构，每个人可用自己的方式决定对世界的认知。

有关学生所学知识，建构主义提出了新的理解，不再局限于我们所理解的教材、文本、视频以及教师在课堂上的示范、板书等。建构主义的这种知识观和学习观甚至教师观可谓颠覆性的，尤其是在否认自然科学知识的客观性时难以被人认同。实际上，建构主义创始人布鲁纳，就已经限定了建构主义学习理论的适用范围。布鲁纳区分了科学知识和叙事知识两种知识及其认知模式，认为科学知识强调对象化认知的客观性，而叙事知识则仅具有似真性而不可用经验来验证其真假。与叙事知识不同，科学知识的可接受性在于其客观真实的基础，故判断标准以解释的一致性、明确性和可检验性为依据；而叙事知识的可接受性主要依据叙事的似真性和逼真性。究其原因，就在于"叙事是文化丰富与发展、自我建构与理解、对他者理解的基本方式和途径"。也就是说，真正符合建构主义理论的叙事知识适用于对作为"人"的自我和他者以及作为"文"的文化的理解，而音乐正是这样一种人文学科。

3. 建构主义的课程观理解

建构主义现代对话、交流、合作的课程观引导学科课程资源的开发中鼓励学生参与，侧重培养学生的开发和利用课程资源的意识，同时培养学生的相应的能力和态度。建构主义课程观强调课程是参与性主体意义的建构，它是一种与建构主义知识观和学习观相对应的新课程观，是后现代课程观一种体现。与泰勒的课程观相比，在课程内容、目标、本质、实施、评价等方面都有所创新。知识是"暂时性的、发展的、非写实的、内部构筑的、以社会和文化为中介的、个人的整体经验"。福斯纳特（Fosnot）就把学习看作"一个在现有的关于世界的个人模型与相异的新的洞见之间进行自我调整的斗争过程"，学习者通过"合作性的社会活动、交谈和争论"等方式，建构并提炼了新的结构。[①] 建构主义的核心观点是，人是主动认知的，建构性是建构主义课程的本质。

另外，建构主义所强调的认知是以主体经验为依据的，强调以平衡结构为目的。既然认知是创造性的，那么在课程实践过程中，就不能程序化、死板硬套地实施，课程的开展不是一条单向的线性路线，建构主义所支持的课程应该是学生亲身经历的、过程性生成的、经验增值的、结果开放的经验活动。以学生的"学"作为教学活动的真正基础，充分发挥学生敢于主

---

① Dani B. Pavel Sasonov &Noel Smith: A Collaborative Class Investigation into Telecommunicate ions in Educat-ion[D]. NewYork: Macmillan Publishing Company,1990(4):185.

动探索、质疑、协调和创造的主体能动性，也是课程资源开发的关键所在。所以说，建构主义课程是具有主体性的课程，一是本身的主体性，二是学生作为课程受益者的学生主体性。有学者提出："当代课程改革应始于对其由来已久的工具品性的转换，使其由文化的工具存在转变为文化的主体存在，使课程成为一种由文化批判、反思生成为机制及品质的建构性文化，即课程文化。"①

由此，建构主义课程的本质体现在两个方面：一是建构性，二是主体性。其中，社会活动的本质属性是主体性，其内在的规定性为自主性、能动性和超越性。

4. 建构主义学习观理解

建构主义学习理论的核心是以学生为中心，强调学生对知识的主动探索、主动发现和对所学知识的主动建构。② "建构主义认为，学习是学习者在原有知识和经验的基础上，在一定的情景即社会文化的背景下，借助他人的帮助，即通过人际间的协作活动，主动对新信息进行加工处理，建构自己的意义的过程。"③ 建构主义认为 "学习环境是由情景、协作、会话和意义

---

① 丛立新. 知识，经验. 活动与课程的本质 [J]. 北京师范大学学报，1998,(4)：60.

② 信中贵等. 河北北方学院学报 (社会科学版)[J].2010、2(72).

③ 欧丽荣 . 基于建构主义课程观的高职课程开发研究 [D]. 湖南师范大学，2008.

建构四大要素构成的"。① 学习是一个主动接受的过程，学生不是被动接受知识的容器，而是通过新老经验反复的、相互的作用，来充实和改造自己的知识经验。这种建构不是他人的替代，是学生自身内部主动构建信息意义。

由此可以看出，学习是一个主动建构意义的过程，是一个不断总结和纠错的过程，是一个交流合作、思想碰撞的互动过程，是在一定环境和情景中进行的。

5. 建构主义理论观点对豫剧课程资源开发的启示

第一，建构主义认为知识并非确定表达或最终答案，而是一种解释和假设。它没有关于知识的标准答案和唯一答案，但它可以利用进步的科学知识来解释我们现在的生活状态或现象。在豫剧课堂上，老师们讲得最多的就是"脸谱"。"白脸"马上会想到曹操，在学生心中的知识就是曹操是"奸臣"，不是"好人"，但从历史的角度去分析曹操，就是另一种说法了。

第二，建构主义认为没有万能的法则，知识其实都要针对具体的情境进行再创造，也就是说，这个知识可能在这样的范围内是对的，在另外一个范围内就是不对的。我们说 4-1=3，但事实上如果是我问你桌子有 4 个角，然后我们砍掉 1 个角，还有几个角呢？这个时候可能就是 3 个，可能只是 4 个，也可能是 5 个了。所以说没有一个准确的知识在哪儿都能用，都需要看具体的情景。

---

① 汪翠满.建构主义学习理论对幼儿教育的启示 [J].当代教育论坛（下半月刊),2009(1):22-23.

第三，就是我们强调的知识，虽然有的知识可能已经受到了普遍的认可，但事实上还是要学生靠着自己的经验背景去理解，也就是说，知识是主观的。例如，安徽的学生习惯了黄梅戏韵律，他们对戏曲的理解也许就是对黄梅戏的主观认识，让这些学生来听河南豫剧，受经验背景的影响，他们听到的就是一种不一样的感觉。

第四，从客体转向主体，从知识论的视角来看，建构主义和客观主义的主要区别在于，后者将"研究重点放在认知的客体——知识的内容上，强调知识应该是客观的、普遍的、真实的。而建构主义则是以主体为核心的知识论，它将知识论的重点放在认知的主体——人上，强调主体在认知过程中的主动建构性，强调对任何事物的认知都与主体有关，认知过程中充满了主体积极的意义建构，而不去过分研究知识内容的客观性问题"①。以主观主义角度观之，建构主义与客观主义的最大区别在于，后者的知识论观点如前所述，而建构主义认识论则坚持人类学习的过程的持续性和主动性，并且依赖于原有的知识经验和外部世界的互动过程。故此，其知识论更侧重于知识的客体、内容转向学习者——知识的主体，即学习者，其坚持的是以教学为主转向以学习为主。

建构主义知识观如何支撑豫剧校本课程资源开发呢？建构主义认为，知识不是客观的东西，而是主体的经验、解释和假设，见表3-1。

① 李芒.建构主义到底给了我们什么：论建构主义知识论对教学设计的影响[J].中国电化教育,2002(6):10-15.

表 3-1　建构主义理论观点表

Tab. 3-1　Theoretical views of constructivism

知识观	课程观	学习观	教学观	学生观
动态性 情景性 主观性	主体性 建构性	学习主动建构性 学习社会互动性 情境性	激活原有经验，促进经验生成	学习主动建构性 学习社会互动性 情境性
地方知识的建构	主体意义的建构	"家校社"的协调和互动	促进学生知识建构	以学生为中心

依据辩证唯物主义认识论的观点，知识其实就是人脑对客观世界属性及其联系的能动反映。但是，在实际工作中，经常忽视了"能动"两个字，换成了"直接、被动、简单"。知识似乎就变成了人脑对客观世界的被动、简单而直接的反映。要想实现建构主义课程到语句课程资源开发的成功迁移，绝不能依赖于传统教学所习惯的"被动、直接"式转移，应引导学生主动建构，而非将自身的知识经验、教科书和教学参考书简单移植到学生头脑中去。所以，豫剧校本课程资源开发教师必须认识到，教学只能以学生心理和教学中的相关知识为出发点，新信息只能是学生解读意义的辅助。知识建构也是个性化的，而不是简单划一的，个人主义式的。

二、教育生态学理论

1. 教育生态学的内涵

有关教育生态学的研究起步于西方。最早可追溯至1932年，当时著名的美国教育者沃勒（Waller）首次将"课堂生态学"在《教学社会学》中进行阐述，开启了生态学的教育体系之路。沃勒认为，课堂就好比一个一个的生态系统，课堂教学与自然便得以联系并走向生态自然的状态。20世纪60年代，英国学者阿什比（Ashby, E.）提出了"高等教育生态学"的概念。1976年，美国学者劳伦斯·克雷明（Cremin, L.A.）在《公共教育》一书中正提出了"教育生态学"概念。在此前后，英国学者埃格尔斯顿（Eggleston, J.）在其著作《学校生态学》中开辟了教育生态学研究的新思路。1987年，美国古德莱德（Goodlad, J.I.）首次提出"文化生态系统"的概念，强调学校建设要从管理的角度入手，统筹各种生态因子，建立健康的生态系统，提高办学效益。[①]我国大陆地区的教育生态学研究始于20世纪80年代末。我国学者对教育生态学研究方面的关注逐步加强，如范国睿等国内学者纷纷著书立说，从不同视角来建构教育生态学理论。多年来，有关教育生态学研究的发展速度是非常缓慢，直到21世纪初才逐步兴盛起来。

九十年间，教育生态学研究主要呈现出由宏观走向微观、由理论探讨走向实践分析的两个特点。范国睿也指出，贯穿于生态学原理中的基本思想就是生态系统和生态平衡。[②]

生态学是研究生命系统以及环境系统内部之间互相作用的

---

① 邓小泉，杜成宪. 教育生态学研究二十年 [J]. 教育理论与实践, 2009,29(13): 12-16.

② 吴鼎福. 教育生态的基本规律初探 [J]. 南京师范大学学报（社会科学版）, 1989(3).

规律，而教育学是研究教育发展的规律以及教育在社会发展所处的地位和教育与社会之间的相互影响。教育生态学是借助生态学原理中的协调进化等原理来研究教育规律和教育现象的，从宏观上对教育整体状况进行"把脉问诊"，探究教育在整个生态系统中所处的位置和存在的问题以及各种生态因素对教育的影响，从微观上来指导学校的在生态系统中的性质以及"五育"发展的环境因素，探寻教育中的问题，提出应对策略。"一句话，教育生态学是研究教育与整体的生态环境（社会的、精神的、自然的）之间相互关系的科学"。①

当前，有关教育生态学的理论研究成果相对丰富，主要包括生态位原理、耐性定律、限定因子定律三个方面。生态位原理强调的是个体在教育生态系统中所处的位置，在此位置上发挥其应有的作用；耐性定律强调每一个个体对环境适应的界限，个体在系统中的耐性范围到底有多大，其活动范围也叫作最适度范围；限定因子定律强调的是任何一个因子都是能量流和信息流，因子之间是相互影响和相互支撑的，任何一个因子的缺失都会对生态系统产生不良影响，都会影响教育的质量。②

总的来说，教学生态学的发展与服务经济社会发展息息相关，特别是对教育教学发展提供指导和帮助，助推教育在观念上、

---

① 王泽君. 浅谈优化"教育生态环境"[J]. 四川师范学院学报 (哲学社会科学版),1991(3):26-28.

② 廖思敏. 失衡与调控：教育生态学视域下高职院校学生评教系统的研究 [J]. 中国农业教育 ,2022,23(5):87-97.

内容上进行有效改革，影响着教育事业的发展，值得探究和应用。课程资源开发思路要基于教育生态学理念，对课程资源开发的校内、校外以及对环境、功能进行平衡性建构，形成与社会环境协同发展的整体化生态系统，力求促进"家校社"的有效对接。

2. 课程开发组织的生态系统

具体从教育上来说，整个生态环境由自然环境、社会环境和规范的环境共生，满足个人发展的需要，有自然的需要、社会的需要和精神的需要。这三种因素形成了教育生态系统，影响着人的教育与发展。受教育者在教育生态系统中既受到这三种生态环境影响，又反作用于生态环境，并在二者相互作用中协调发展。[①]

家庭教育和学校教育中的每一个个体都隶属于教育的个体生态。教育的群体生态包括小组和各种自然群体，如班级、年级、学校和社区等。不同层次的群体有各自共同的主题和任务，有着相互稳定的合作体系；种群生态系统是指基于多个体之间关系建立的系统，主要是由同一个或者相关课程多个教师形成的种群，在整个学校组织生态系统中属于中观生态系统，例如，由学科教师组成的教研室、课程组或教学团队等基层教学组织种群；而群落生态系统是指基于两个以上种群之间的关系建立的系统，主要是由两个以上不同使命的家庭、学校、社区形成"家校社"开发思路。因此，应依据教育生态学方法，围绕生态平衡、环境与适应、种群分布与构成、人际关系等问题，试图建立合

---

① 吴鼎福.教育生态学刍议 [J].南京师大学报 (社会科学版),1988,(3):33-36+7.

理的校内和校外生态环境，提高教育教学效率。①

综上所述，有学者提出"生态系统"和"生态平衡"；有学者主张教育过程的多渠道、多样化的特征；也有人认为教育应该为多类型、多层次的教育结构。笔者认为，每一位专家学者提出的理论和观点都有其针对性。作为教育生态学的观点，吴鼎福认为教育生态学的基本观点应该为"多维、多参数的系统观和教育生态环境协调发展的协调观"。

3. 教育生态学理论对课程资源开发的启示

运用教育生态学理论对豫剧课程资源开发过程中出现的困境和成因进行分析，得出豫剧课程资源开发受到认知、开发和运用以及开发主体等多种因素影响的结论。教育生态系统中的个体具有群体共生的特性，豫剧校本课程资源开发的个体即教师、学生及家长等，他们属于最基本的活动因子，个体的质量水平以及活跃程度是影响课程资源开发质量的根本因素。教育生态学理论观点对豫剧课程资源开发有哪些启示？见表 3-2。

表 3-2　教育生态学理论表

生态位原理		耐性定律	限定因子定律
个体生态 群体生态 种群生态		生存空间 最适度范围	能量流 信息流
系统观　　协调观		适度性　耐受性	限止性

---

① 叶玲娟，林文雄，吴祖建，等. 教学生态视域下基层教学组织的回归与重构[J]. 高等农业教育，2020(2)：80-83.

　　课程资源开发主体体现了群体共生的特性，具体表现为合作交流、相互配合、共享成果等。任何国家及民族的教育都有着传承主流文化的作用，豫剧课程资源开发主要目的也是注重教育文化的本土性。我们依赖现有的、传统的教学模式而忽略本土的应该拥有的现代的教学模式，所以要坚持"家校社"合作，促进"家校社"之间的合作交流，形成团结和谐的个体生态系统，这样有利于课程资源的有效开发。

　　综上，如图3-1所示，建构主义理论和教育生态学理论是本书的主要理论支撑，两种理论的交叉建构了豫剧校本课程资源开发的基本原理模型。一是建构主义为后现代课程观更为以强调学生主体的人本主义学习观为哲学和认知心理学基础提供了理论支持，教育生态学理论极大地推动着教学观念的改革。教育的个体生态和群体生态、种群生态，有着稳定的合作关系，具有个体和群体共生的特性，相互合作，互相配合，共同促进中小学教育的高质量发展。二是建构性和主体性体现建构主义课程本质的两个方面，教育生态学强调生态主体与环境间的相互作用，这也是中小学教育生态系统可持续发展的必然要求。由此可以看出，二者都体现了主体性、建构性、系统性和情景性的特征，为此，基于二者交叉融合所产生的共性特征，笔者建构了豫剧校本课程资源开发的基本原理。

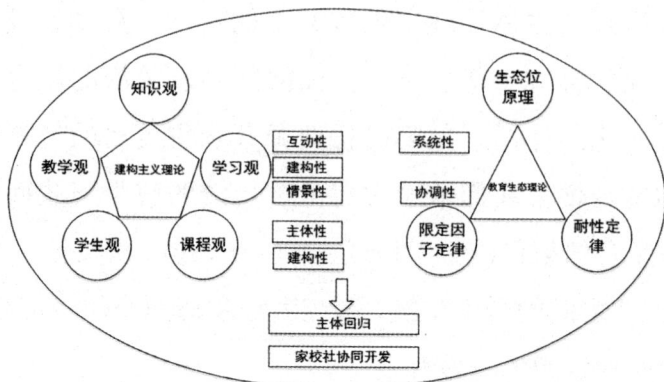

图 3-1　豫剧校本课程资源开发的基本原理图

第二节　豫剧校本课程资源"家校社"协同开发思路

　　近年来，随着教育供给侧改革的全面推进，社区也在不断引进校外优质教育资源，校外教育在社区的活动范围扩大，无形中在支持着社区的高水平发展，社区也会适时为校外教育提供经济和精神上的支持，二者之间的支持程度越高，相互作用就越大，社区居民的受益也就越多。校外教育的良性发展，为少年儿童提供了优越的外部环境，也是符合社区居民利益的一种教育形式。而社区的文化环境设施也给校外教育提供了便利条件。豫剧成为河南社区文化的一张"名片"，作为"地方知识"的社区文化资源维系着"人"与"环境"的和谐关系，同时决定着校外教育的内容和形式。豫剧校本课程资源开发必须走本土化的道路，把社区课程资源融入模型建构中。

一、豫剧校本课程资源协同开发的意义

家庭、学校和社区是儿童生活和学习的全部场所，家庭教育是前提基础，学校教育是关键，社区及社会教育是家庭和学校教育的最大保障，西方国家也比较重视"家校社"三方协同机制的创建，鼓励家长、社区、学校参与到育人共同体上来，提高其活动的频率和质量。从最开始的共同参与，到逐渐形成系统的、科学的方案，然后逐步发展为组织形态，再逐渐制度化和法规化。那么，在豫剧校本课程资源开发中，三维模型到底有哪些意义和作用呢？

一是可以充分地利用政策和区域资源。在全国社区教育实验工作交流会上，明确了社区教育目标任务和具体措施，强调了社区教育普惠和"以人为本"的理念。社区教育虽然仍存在不平衡的现象，但对学校教育来说是一个有效的补充。我们需要关注社区教育政策的评估和引导，以便于充分地利用。例如，豫剧校本课程资源开发的"家校社"协同开发思路在运行过程中，政策法律资源能起到保护和基础性作用。社区的数字化服务体系创新了学习的方式，打通了学校教育与社会类教育机构的通道，突破了体制性的障碍，为中小学校敞开了大门。

二是要尊重"家校社"之间平等、相互协商的基础。三者之间平等互助、相互协商，意向一致，目的明确，不管是代表学校的教师还是代表政府的当事人，都能与家长、学生、社区人员和睦相处，遇事协商，有难同当，提高沟通技能。在协商、

交流中锻炼语言表达能力和合作沟通能力，充分发挥"家校社"各主体力量，调动一切校内外豫剧课程资源。

三是依托"家校社"之间互相信任的关系载体，充分利用三者之间的优质豫剧资源。依托"家校社"协同育人的平台，通过互联网技术使得三者之间不再受区域所限，特别是给教育资源的提供带来了诸多方便。价值上认同、人格上互信是构筑"家校社"协同育人和协同开发的前提，明确三方责任和使命为豫剧校本课程资源开发奠定情感基础。在豫剧课程资源开发中，"家校社"都回归本位，不越位、不缺位，划清责任和权限，有利于形成"家校社"协同育人的新局面。

教育不是始于学校和终于学校的，而是家庭、学校及社会合作的结果。本书中之所以提出"家校社"协同开发思路，是基于"家校社"的通力合作的结果，在豫剧校本课程资源开发中各方能够共同面临新挑战。从教育生态学理论的角度来看，"家校社"作为"地方人"拥有地方文化资源是其他群体无法比拟的，豫剧作为"地方知识"，"家校社"三者共同拥有豫剧文化资源，方便沟通、协调、开发和利用。

二、主体回归理念的提出

建构主义课程观认为，认知活动以主体经验为开端，以平衡结构为目的。在这一过程中，承认学生的主体地位和主体作用是建构主义课程的本质特征之一。所谓主体性课程，从建构主义视角有两个层面的理解，即课程本身的主体性和学生作为受益者的主体性的结合。主体不仅仅反映历史的变化，更反映其变化的来源。所谓主体性就是主体的本性或属性。笛卡尔提出的"我思故我在"促生了近代哲学中反思性、主体性原则，奠定了理性主义的基础。康德明确提出了人是最终目的的思想，最终确立了主体性原则。[①]主体回归，能重新焕发生命活力。从主体性的价值视角来看，人的生命发展体现在学生和教师个性使然和应然价值上，如果以人的活动指向和活动能力为衡量标准，人在活动中就能凸显人的主体性，因此，本文中所提到的人的主体性"实质上指的是人的自我认识、自我理解、自我确信、自我塑造、自我实现、自我超越的生命运动及其表现出来的种种特性，如自主性、选择性和创造性等；它是人通过实践和反思而达到的存在状态和生命境界，展现了人的生命运动的深度和广度，是人的生命自觉的一种哲学表达"。[②]马克思主义人学理论认为，社会发展的历史本质上是人的主体性完成、完善、发展的历史。提高和弘扬人的主体性已经成为现代社会发展进步的必然选择。教师是社会中的人，理应成为弘扬主体性的表率。

非物质文化遗产保护工作中出现了政府主导，文化承载者被客体化，以及政府、学者、商人、传媒、民众等多方利益主体互相角力的现象，这导致了非物质文化遗产保护中的"文化主体缺位"和"去主体化"倾向。有学者指出，非物质文化遗产"生产性保护"的真正生产主体应当是"包括职业身份不明

---

① 朱勇. 教师主体性的失落与回归 [J]. 教育探索 ,2011,(9):16-17.

② 郭湛. 主体性哲学 [M]. 北京 : 中国人民大学出版社 ,2011：29.

显或无职业身份的所有民众"①。随着文化的自发生产，文化主题的地位得以提升；随着社会认同感和文化自豪感的获得，文化的自觉性和自传性得以传承；随着文化个体的提升，文化社区整体和谐的可持续发展得以实现。

在教育活动的过程中，学生的主体性逐渐得到培养和发展。"研究教育活动过程的主体性既是培养和发展学生主体性的必然要求，也是当代教育活动发展的重要趋势。"②有关教育活动的主体性问题在研究初期主要集中在教学论视野中的主客体关系上。教师的主体性与学生主体性这一问题与"主体性的合理性""主体性与主体间性"问题密切相关。对教师主体性与学生主体性关系的分析，首先需要确立的原则就是不能将二者片面对立。人们往往以为传统教育过分强调教师的主体性和主导作用。实际上，传统教育恰恰在消解学生主体性的同时，也消解了教师的主体性，或者说在传统教育中，教师的主体性只是一种极其片面（工具性）的主体性，不是真正意义上的主体性。

综上所述，本书中所提到的主体回归，主要指以下三层意思：一是文化主体回归，音乐教育也要回归民族传统音乐，展现中国音乐知识体系；二是教育活动主体的回归，关注学生全面而

---

① 王燕妮. 生产性保护：文化主体研究视角的理性回归："第三届中美非物质文化遗产论坛"国际学术研讨会综述 [J]. 民俗研究 ,2013,(1):152-155.

② 吴航. 我国主体性教育理论研究的现状及反思 [J]. 华中师范大学学报（人文社会科学版),2000,(6):136-142.

自由的发展；三是开发主体要落实到具体开展豫剧教学的教育者和受教育者。

三、协同开发思路的构建

肖特（Short，E.c.1983）是美国的课程论专家，构建了一个三维模型，利用该模型，课程开发策略的科学性得到了证实。其中第二维度强调了谁来主导的问题，是专家学者占主导还是专业的课程人员占主导，或者是内环境专家，即校长、教师、家长、学生占主导，各方面人员参与，还要考虑到平衡协作，充分说明"家校社"协同开发的必要性，如图3-2所示。

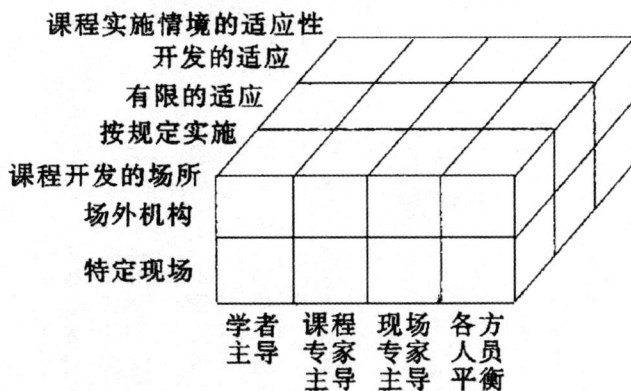

图3-2 各方人员参与的校本课程开发图 [1]

在上文中提到的主体回归，特别强调了学生、教师、家长、

---

[1] McKnight D. The gift of a curriculum method[j]. Curriculum & Teaching Dialogue, 2006, 8.

学校、社区的主体性作用。习近平总书记指出，办好教育事业，家庭、学校、政府、社会都有责任。我们可以看到，很多教育名著里面也有关于家庭和学校相互配合、注重家庭教育的经典论述。2018 年全国教育大会召开以来，中共中央国务院围绕育人制定的一系列政策的落实，需要学校与社会的协同。"家校社"协同育人体系的建立，对明确各方责任、发挥学校的引领和指导作用具有重要意义。如图 3-3 所示，三者之间各自独立、优势互补。新冠疫情防控期间，居家办公、云间办公已成为常态，如何统整家庭、学校和社会教育，形成教育的最大合力，充分发挥教育最大效益，已经成为现代教育的现实需求。基于主体回归理念，笔者特提出"家校社"协同开发思路和三维模型。

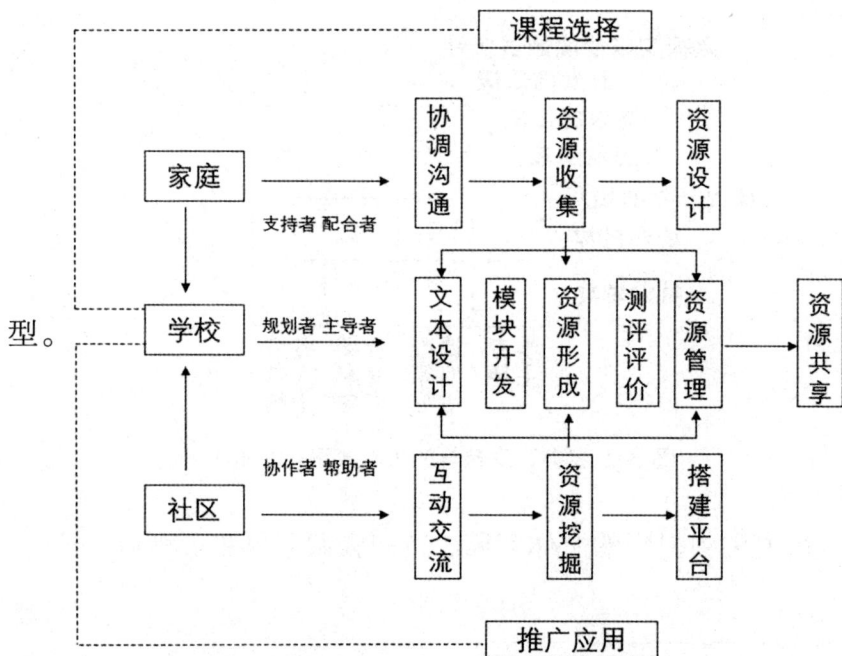

图 3-3 豫剧校本课程资源"家校社"协同开发思路图

第三节　豫剧校本课程资源协同开发三维模型建构

根据校本课程资源开发具体特点，借鉴国内外有关课程资源开发的优秀成果，结合河南省地域文化背景，笔者试探性地构建了中小学豫剧校本课程资源开发的宏观理念和维度模型，然后进行豫剧校本课程资源开发的路径设计。那么，河南豫剧校本课程资源的开发是参考已有的研究基础还是顺时而动，另辟蹊径？笔者觉得还是要具体问题具体分析。第一节对豫剧课程资源开发的维度进行分析、介绍，第二节在第一节维度分析的基础上对维度模型提出构建思路，第三节在第二节维度模型构建基础上提出实施层面的开发路径。

一、豫剧校本课程资源开发维度分析

1. 划分的依据

本书对开发模型维度的划分有三个依据，一是国内外学者有关开发维度的研究成果，二是对中小学音乐教师进行问卷调查的分析，三是对访谈对象进行半结构访谈所进行的归纳。

2. 认知维度

"认知理论强调，无论学什么，都是以形成认知能力为根本出发点，认知能力是个体适应环境的关键要素。"[1] 个体主动建构知识的过程就是根据自身学习的特点和要求来采取相应的自我调节措施，这对基础教育阶段的学生尤为重要，因为他们所面临的学习前计划、学习中监控和学习后的反馈，都需要这样的系统来辅助建构和设计。在豫剧的学习过程中，学生作为学习主体能够通过主动建构知识体系来形成相应的认知能力。认知视角很重要，就像盲人摸象一样，不同的角度，感受是不一样的，答案也是不一样的。研究者认为要从学生认知的角度、知识的角度看问题。心理学的首因效应已被证实，学生获得知识的第一印象非常重要，让学生善于利用这种冲动，用自己的努力去认识、去构建，目的是把理性认识应用于实践。只有让开发者完成认识的根本任务，才能揭示事物的本质和规律，才能按规律办事。

3. 开发维度

开发是从技术视角出发，基于认知维度的基础上提出开发维度。研究者认为，只有在认知的基础上提出开发思路才符合课程资源开发逻辑。豫剧校本课程资源开发要根据河南的地域特点，从民族文化学的角度考虑，而教师在开发中单单从知识、技能层面思考，本土文化、民族文化教育是远远不够的。而是要唤醒民族对传统文化的自豪感，致力于中华优秀传统文化的继承、革新与进步，在社会各层面营造传统文化的浓厚氛围。作为新时

---

[1] 姚梅林. 从认知到情景：学习范式的变革 [J]. 教育研究 ,2003（2）:62.

代的教育工作者，我们肩负着了解、认识、欣赏并弘扬本土优秀文化的职责，探索其中丰富的教育资源，将优秀传统文化的继承与创新融入日常教学，旨在培育年轻一代对河南传统戏曲文化的认同与热爱，造就新一代豫剧传统文化的传承人。

当前，学校音乐教育的难度超越了学生的认知发展水平。其编写深受专业音乐学院的影响，致使中小学音乐教材的难度偏高，语言和内容的安排过于专业，远超出了中小学生实际的理解水平。这导致学生难以理解和吸收教材内容，进而影响了他们学习音乐的积极性和兴趣。因此，在开发豫剧校本课程资源时，应充分考虑学生的认知水平和接受能力，确保教材内容的适宜性和趣味性。通过调整教材的难度和语言表述方式，使其更加贴近中小学生的生活实际和学习特点，从而有效提升学生的参与度和学习效果。

4. 应用维度

校本课程资源开发就是为了利用，在广泛的可利用领域中，课程的设计、课程的实施、课程的评价和课程的管理等都是很好的选择。开发出来的课程资源利用效率越高，说明应用者的主动性、创造性能力越强，也充分证明了所开发出来的豫剧课程资源更有价值，这也是其实现教育价值、取得良好效益的关键阶段。从应用的视角来评价课程资源开发的效果并不是凭空想象，而是依据开发出来的豫剧校本课程资源的利用是否充分，校本课程资源的利用是否科学，利用的效果如何，是否达到开发的预期目标等。

二、基于"家校社"协同开发的三维模型建构

在我国，家庭、学校和社会都高度关注教育的发展，但在现实的教育教学活动中，家庭和社区参与教育活动的程度并不高，其主要原因是家庭和社区在教育认识上不统一，针对性不强，目的性不明确。只有三者在认识上明确了，下一步将思考的就是如何开发和谁来开发的问题以及开发出来的课程资源如何应用等。

从协同性和有效性的视角来看，共同协商解决问题应具备如下条件：该问题无法仅依靠某一方面得到彻底解决；该问题确实能提高孩子动手开发能力、合作协调能力、与人交往能力；各方都有责任和义务共同解决问题，在解决问题上各方发挥自己的优势。在与教师交流中发现，教师们认为首要的问题是要有课程资源意识，然后才能考虑如何开发、怎么开发的问题，最后环节是如何利用课程资源的问题。如果开发出来的优质课程资源师生不会利用，那岂不是巨大的浪费？基于以上考虑，笔者特别从认知、开发、应用三个维度进行设计。另外，豫剧文化属于"地方文化"，从认知视角来看，恰恰家庭、社区的关注程度略高于学校的关注程度，家长、社区人员喜欢豫剧的程度高于学生喜欢的程度。从开发视角来看，学校主导，家庭和社区协同，形成一个开发合力共同体，家长和社区是乐意的，在干自己喜欢的事情。从应用视角来看，开发出来的豫剧课程资源，可以共享，学校、家庭和社区一块分享豫剧课程资源，使豫剧课程资源在实践中逐步完善、生成、形成体系。由此，

在解决大家共同关注的问题时，需要通过预定的程序，在几方协商、沟通、调查的基础上加深认识，达成共识，划清边界与责任。通过以上认知、开发、应用三个视角来分析豫剧校本课程资源开发维度，在此基础上构建"三维"维度模型、十二个子维度，如图 3-4 所示。

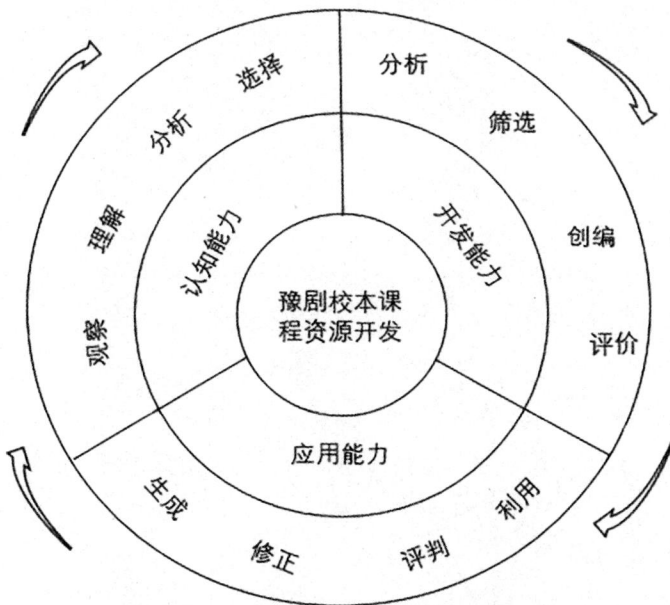

图 3-4 豫剧校本课程资源开发维度模型图

第四章

中小学豫剧校本课程
资源开发的路径

>>>

　　根据校本课程开发的本质特点，借鉴国内外基础教育课程目标改革的优秀成果，结合河南省本土文化背景，基于维度模型，研究者尝试性地构建了河南豫剧校本课程资源开发的实践路径。豫剧校本课程资源开发的不同维度之间是什么关系，下一步如何实施，是本节思考的主要问题，如图 4-1 所示。

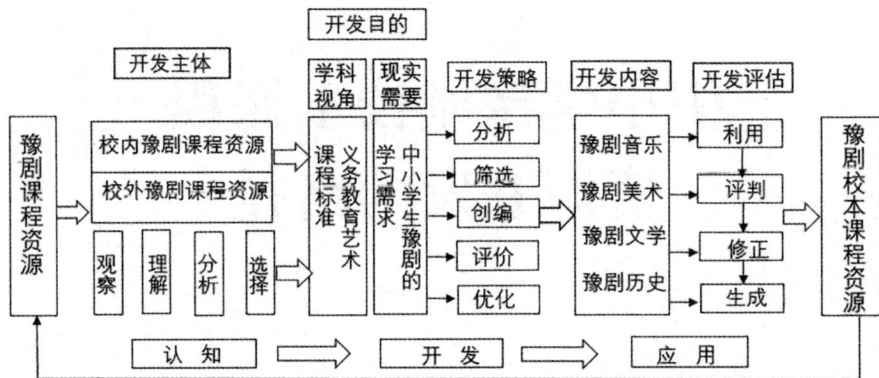

图 4-1 豫剧校本课程资源开发的实践路径图

　　首先，通过对访谈者访谈发现，若要开发豫剧校本课程资源，首先要解决的教师、学生、家长的认知问题。课程资源是以不同形式的、校内或者校外的客观存在，如何让校内和校外的豫剧课程资源转化成豫剧校本课程资源，如何进入开发者的视野，就要经过观察、理解、分析、选择等环节。观察散落的、客观存在的、被人忽视的豫剧课程资源，经过开发主体教师、学生或者家长的研判，作为下一步的开发目标。其次，三维模型之间的逻辑关系是相互作用的。通过初步的认知，我们大概有一个开发目标，到底开发什么？开发依据是什么？依据新艺术课程标准和不同学段学生的学习需求来进行开发，开发策略要符合课程资源开发逻辑，通过分析、筛选、创编、评价、优化等环节形成豫剧课程资源。把筛选、开发出来的豫剧课程资源通过不同路径进行重组，如豫剧音乐、美术、文学、历史资源等。再次，课程资源不是一成不变的，开发出来的豫剧课程资源要经过初步利用，至于其符合教师上课需求和学生的学习需求，要在实践中积累经验，进行评判。对那些教师、学生利用蹩脚的，应立刻放到备用资料里，或者在后期使用过程中不断修正，直至学生喜欢、老师利用顺手为止，从而生成师生需求的豫剧校本课程资源。

第一节　豫剧校本课程资源开发主体与目的确立

开发目的是否体现了《义务教育艺术课程标准（2022年版）》和《普通高中音乐课程标准（2017年版，2020年修订）》中强调的课程理念？是否在促进学生获得全面、自由而有个性的发展等方面起到积极作用？开发目的是否既考虑了学生的认知能力，又顾及到了其与系统知识直接经验的获得之间的关系？课程资源开发是否有利于教学相长和"家校社"三位一体的协调发展？让我们带着这些问题，进入以开发主体为起点的讨论。

一、开发主体确立

开发主体要落实到具体开展豫剧教学的教育者和受教育者。本文所提到的基于主体回归理念，其中一层意思就是开发主体的回归不能一直处于一种缺位状态。开发主体的确立，直接决定着校本课程资源开发是否具有较强的课程资源意识和课程资源开发能力以及到底谁是开发主体。本研究基于"家校社"协同开发思路，研究者认为教师、学生、家长、学校和社区都是课程资源的开发主体。

1. 确立"多元"的豫剧校本课程资源开发主体

教师、学生、学校、家长和社区是豫剧校本课程资源的开发主体。家长、学生和教师可以隶属于河南"地方人""地方人"又创造了丰富的地方文化，理所当人也是文化的享受者。人民群众的文化消费权利本来就是人民群众的基本文化权利。地方性文化活动的蓬勃发展是地方群众自我表现、自我教育、自我服务的重要文化形式，它包括社区文化、乡村文化和校园文化。通过教师、学生、学校作为课程资源开发主体来营造良好的教学和学习氛围，用集体行为展现校园文化。创造未来需要我们承扬创新，我国在呼唤文化多样性的同时，也启动了中华优秀传统文化遗产工程的抢救工作，"地方人"要深刻认识本土文化的价值，要守正创新，守护属于我们这个时代最具民族特色的文化底线和情感底线。挖掘课程资源需要开发者过硬的开发技能、超前的资源意识和合作意识，联合家庭、学校、社区等多方合作，鼓励学生、教师、家长积极参与课程资源开发，有助于其课程资源开发主体的作用得到充分的发挥。

首先，充分发挥学校的主导作用。学校是教师和学生教育生活的空间载体，二者都是具有主体能动性的个体，都肩负着社会发展的历史使命。学校要发挥其平台作用，为师生提供活跃的、开放的活动空间。同时，学校成为政府和社区的桥梁，无形中学校就成为豫剧校本课程资源开发和建设的指导者、管理层，同时以豫剧校本课程资源开发第一主体的身份，发挥其积极的主导作用，推动豫剧校本课程资源开发向好向上发展。

其次，教师是课程资源开发的主要主体，是学校课程的实施者和资源的直接利用者。以笔者多年的中小学教育工作经验来看，教师本身就是一种优质的课程资源。一是教师的知识基础、个人能力、教学经验、人脉圈子、行为方式等，在教学现场可见一斑，最好的回答便是学生的反应。二是教师在课堂教学过程中，无意间的教学环节就会生成优质的课程资源。拿音乐教师来说，他们受过专业的音乐教育和培训，具备一定的教育素养和专业素养，也拥有较强的音乐课程资源开发能力，多方面的因素共同构成教师的综合素质，使其无论在专业素养如演唱水平、表演能力、创造能力上，还是在教育素养如知识观、学生观、价值观上都不知不觉地渗透到课程资源中。三是鼓励教师积极参加专业培训。建议教师参与专业课程专家的培训，提高课程资源开发能力和开发质量，高效开发课程资源。

再次，要尊重学生的经验和认知差异，学生有不同的音乐喜好和才能，地方音乐的发展有他们的努力和付出。随着"家校社"联系的加强，部分有音乐专长的学生在学校和社区的共同组织下，开展系列社区音乐活动；政府机构也会把一些音乐教育福利送入学校，如高雅艺术进校园、戏曲进校园等；学生也可以走进社区，与民同乐。例如，让艺术进社区，学生可以凭借自己的专业特长和音乐知识在社区组织有意义的艺术活动，帮助社区居民更多更好地认识音乐、理解音乐，唤醒居民们对音乐的爱好。另外，社区居民可以把豫剧艺术呈现在学生面前，基于豫剧地方文化的特性，无论从哪个角度讲，"地方人"都起着决定性作用。他们的影响是无限的，在文化发展的过程中，"地方人"发挥着不可替代的作用，他们是地方文化的传承者和创造者。

2. 充分发挥开发主体的积极作用

当前，教师和学习者被排斥于课程开发之外，作为课程结果的被动执行者与接受者。维度模型启示我们，课程资源的开发涉及方方面面，各因素之间互相依存而又相互影响。一要充分发挥开发者的主体作用，开发者要深入实践现场，了解环境，诊断情景，在综合研判后提出具体的开发方案和备选方案。二要充分激发教师和学生激情，调动他们的积极性和创造性。在课程资源开发过程中，师生双方作为课程开发的主体和创造者，共同为课程开发作贡献，其中教师主要侧重于将课程资源开发的理论付诸实践，同时注重以学生为中心，留心挖掘对学生和教学有价值的课程资源。三要学习者走向教师，成为课程开发的有机主体，在课程开发中扮演着更活跃的角色，发挥着更积极的作用。四是课程资源在教师和学生的兴趣爱好中生成，课程结果在师生互动中完成。因此，教师和学生就不能被排斥在课程之外，他们作为"地方人"都是课程的重要组成部分。五是开发的课程资源要符合教育活动主体，即教师和学生的真实需求，要根据师生的需要、兴趣开

发课程资源。"在美国著名的课程论专家，约瑟夫·施瓦布
(Joseph J.Schwab）看来，课程时间探究最终是要导致课程决策体制的变革。具体来说，他主张变革那种'自上而下'的课程决策模式，确立'自下而上'的模式。决策的基础在地方，而不是在中央。"①

　　对于教育活动主体的教师和学生来说，在豫剧课程资源费开发过程中，教师要有自我更新教育教学理念的自觉，树立正确的教育观、人才观和课程资源观；学生要敢于与老师沟通、碰撞，要有提高自我创造力、锻炼实践能力、探究学习能力和与人沟通能力的自觉。二者之间相互促进，教师的教育目标是培养学生具有自主的、实践的能力和创新精神，促进每个学生健康、自由、全面发展。学生要给自己制定梯度目标，自我激发学习积极性，主动参与教学和课程开发，让个性和特长在师生合作中得到张扬。

二、开发目的确立

　　课程资源以学生为逻辑圆心，分布在学生的周围。以学生为轴心去观察可以发现，学生周围处处皆是课程资源，但是这些课程资源与学生之间的关系不同，如图 4-1 所示，当我们把豫剧课程资源以学生为中心划分为几个同心圆时，最内层是以课程形式存在的课程资源，第二层可以看作可能与学生发生关

---

① 施良方.课程理论：课程的基础、原理与问题 [M].北京：教育科学出版社 ,1996: 205.

系的课程资源，但未以课程形式存在，最外层（第三层）则折射出的是教育者对学生影响因素层面认识的缺失。而其中尚未与学生发生直接或间接的那部分课程资源也就成为有待开发的课程资源。

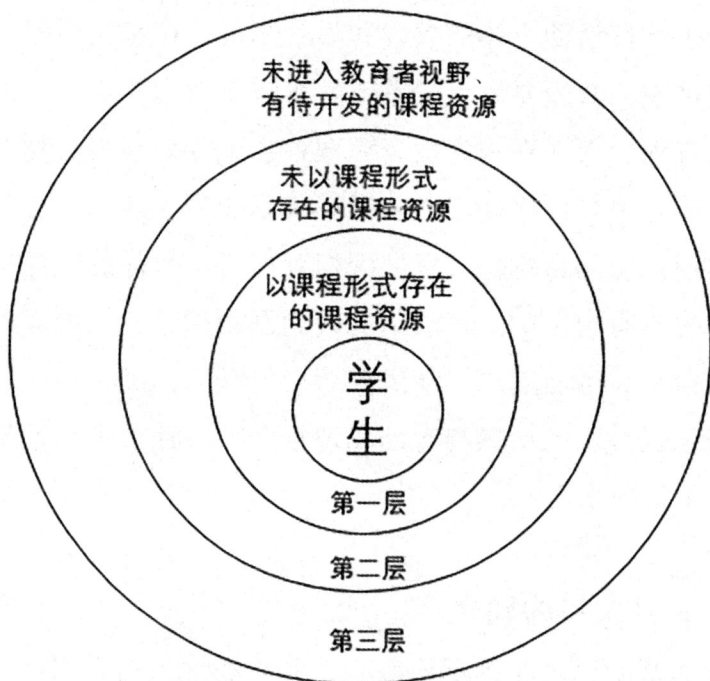

图 4-2　课程资源开发的逻辑圆心图

1. 课程资源开发的价值取向

课程资源开发的价值取向首先考虑的是学生的发展。一方面在河南大量的豫剧课程资源是具有开放性的，对学生发展的价值是不言而喻的，它所提供的感官刺激、信息刺激、思维刺激是教科书和配套教材是无法比拟的。另一方面要增强学生的主体意识。学生是课程资源开发的主体，而不是被动的接受者，学生的生活经验、感受、兴趣、爱好、知识、能力都可以构成课程资源的有机组成部分。由图 4-2 可以看出，以学生为中心，周围有已经存在的资源形式，在已经存在的资源形式周围仍然有未开发的课程资源，我们开发的目的就是把未开发的课程资源变成一种资源形式的存在，把这些资源形式逐渐改编为学生可利用的课程资源。

2. 学生最终应该成为课程资源的主体和学习的主人

　　课程资源的丰富与否事关教师的课堂质量，更事关学生成长的速度与效果。学生获取课程资源的自由度与便捷度对其学习与成长具有积极的推动作用，此外，课程资源还能帮助学生自主解决学习中的问题。所以学生最终应该成为课程资源的主体和学习的主人，学会主动且有创造性地利用一切可用资源。因此，学生应当成为课程资源的主导者，以及学习过程中的主人翁。他们要学会如何主动地、创造性地利用所有可获取的资源，以促进耳身的全面发展。此外，学校、教师和学生在课程资源开发中的缺位也导致大量重点课程资源被错失。从课程资源的内容来看，往往偏重于知识，关注学生较少，对学科知识的过分关注导致学生的能力和素质培养受到忽视，这部分课程呈现出内容结构单一及各学科之间缺乏融合等问题，学生的生活经验一旦被忽视甚至无视，将对学生的发展起负面作用。

3. 豫剧校本课程资源开发要遵循其文化主体性

如特里·伊格尔顿（Terry Eagleton）所言，文化并非可以弥合差异的奥林匹亚神台，而是战场。这个战场，不仅仅是争夺话语的场所，更是争夺主体的所在。站在民族文化身份的角度来说，它既代表了一种相对稳定的结构，又显示出一个随历史发展而重构再重构的曲折过程。一个民族的文化身份认同源自民族成员的共同历史记忆、语言、信仰、文化习俗乃至行为模式的综合作用，呈现出一种稳定的发展趋势。

或许会存在这样一种误区，即认为文化身份才是文化价值观念的核心问题，其实不然。文化身份只是其中之一，各民族的文化价值观念区别很大，只有守住自己的民族文化立场，即开放的民族主义立场，才能确保现代化核心的文化身份主体性。文化身份认同问题与建构文化身份核心问题，其实就是一个价值观念的问题。豫剧属于河南的文化符号，是一种文化身份的认同。所以说，一个民族的价值观念应该是该民族在历史实践中逐渐形成的。在全球化这个文化系统中，我们更应该坚持民族文化的主体性。

身处各种观念竞相发展的时代中，我们必须做出取舍，而正确的选择基于正确的认识和辨别，而"正确"的唯一标准是它符合本民族人民的真实愿望和切实利益，有利于我们民族的长远利益。我们要在现代化建设实践中去把握民族文化，在此基础上建构民族文化身份。所以要考虑现代化的展开会把中国人引向一个什么方向，体现着一种什么样的文化价值观念，由此，唯有以现实为依据，跟随现代化建设中取得的优秀成果，才能在此基础上养成正确的价值观念。

从文化主体性和文化身份认同的视角聚焦社会主义现代化建设。首先，社会主义核心价值观集中体现了全党和全国各族人民的共同愿望，体现了建设富强、民主、文明、和谐的社会主义现代化国家的内在要求。这种理念不是无源之水，它源于现实，源于民族需求，源于我们对社会主义建设的伟大实践。故此，文化身份的认同与建构过程也应被置于社会主义现代化建设的实践中去。豫剧要置于现代化建设中，只有这样才能理解当下的文化，才能理解群众需求和愿望，也只有这样才能理解我们需要一种什么样的豫剧文化。

第二节　豫剧校本课程资源普查与分析

课程资源开发的实质就是发现、挖掘对学生发展有利、能促进学生成长的各类资源，课程资源开发的过程其实就是积极观察和利用围绕在学生周围的资源，将其转化为有益的课程资源。广义地看，课程资源开发的过程就是对课程资源的抽丝剥茧，使其脱去外衣，留下最核心和最关键的部分。在这个过程中教育者、研究者要进行大量的普查、筛选和分析，将有益的课程资源引入课程设计中。

一、对豫剧资源的数量和质量进行普查和筛选

校本课程资源普查的范围是否足够大？覆盖范围和样本选择是否足够大？重要资源是否有所遗漏？对客观资源中所含的

课程资源的挖掘是否充分？对准备挖掘的豫剧课程资源是否分析得透彻，能否为下一步的开发活动奠定扎实的基础？对课程资源的筛选是否足够多样？是否能够尊重学生认知的差异？

豫剧校本课程资源的普查和筛选，首先要考虑课程资源与教育资源、学习资源、教学资源虽然联系紧密，但又有所不同。课程资源若是一种生该系统，我们便可勾勒出其大致轮廓与主要脉络，这一系统由人、工具、材料、设施、活动等五种要素组成。究竟哪些资源才具有开发和利用价值，那么就要通过筛选机制来确定。基于课程理论视角，要经过三个筛子的过滤才能确定其开发价值。筛子一，教育哲学，能够实现办学宗旨和教育理想的课程资源，反映社会进步的方向；筛子二，学习理论，课程资源要符合学生的身心发展和兴趣爱好，既要符合学生的发展需求，又要与学生学习的内部条件相一致；筛子三，教学理论，即课程资源与教师所具备的教学修养、学科素养的现实水平相适应。

课程资源筛选时要遵循以下几个原则，才有可能使课程资源的筛选机制发挥其积极作用。第一，优先性原则。教材之外的豫剧资源是非常多的，学生需要的东西也很多，不是学校教育所能包揽的，所以在豫剧课程资源筛选时，要考虑学生的兴趣点及经验基础，基于豫剧课程资源范围内考虑课程成本，选择并优先使用适合学生的豫剧素材。第二，适应性原则。课程资源的筛选不仅要考虑学生的共性情况，还要考虑学生的特殊化情况，尊重学生差异，同时，还要考虑教师群体情况。只有这样，豫剧校本课程资源才能得到更好的开发和利用。第三，开放性原则。课程资源的开发要用开放的心态对待人类一切文明成果，尽可能开发有益于教师教育教学活动一切资源。开放不但包括类型的开放性，还包括空间和途径的开放性。第四，经济性原则。课程资源开发是一个系统工程，应尽可能减少过多的精力和开支来达到最佳效果。这种经济性不仅包括开支的经济性，还包括时间、空间和学习的经济性。因此，应用最节省的经费开支，开发最具有当前教育教学和最有现实意义的、能激发学生学习兴趣的课程资源。

二、豫剧校本课程资源的分析

豫剧课程资源，根据存在形式，可以划分为素材性资源、条件性资源和人力资源三类。这三类资源在校内外都基本存在。在本研究中，笔者将豫剧课程资源按校内课程资源和校外课程资源进一步细分，这样分类是为了方便师生掌握。我们把校内的教材、教参、图书资料、豫剧谱例等都视为素材性资源，把校内的图书馆、剧场、功能教室、广播站、文化长廊等都视为条件性资源，把学校教师、学生及豫剧爱好者都视为人力资源。按照这样的思路进行梳理，素材性资源、条件性资源、人力资源也都能很清晰地进行分类。

（1）豫剧校本课程资源的分析要彰显地方特色

学术界对知识的分类应该说是见仁见智。本杰明·布鲁姆（Benjamin Bloom）对知识的定义是对具体事物和普遍原理的回忆过程，包括对方法和过程的回忆、对某种模式、结构或框架的回忆等。心理学家认为，知识是一种专业化的系统能力。本书更聚焦于"地方知识"，毛里尔（M.Maurial）也从抵制西方文化殖民的角度选择使用"本土知识"而非"地方知识"概念。"本土知识是本土人民在某一地区与自然的相互作用过程中所形成的认识和智慧的结晶。本土人民有着共同的被西方文化殖民化的历史，不断地再生产这种知识。"[①]她同时提出了本土知识有其三个特征："地方性"（locality）、"整体性"（holisticity）和"口头性"（agrapha）。只不过，相比于克利福德·格尔兹（Clifford Geertz）从人类文化学视角提出的可以将"西方知识"也纳入其中的"地方知识"概念，"本土知识"更多地指相对于"西方知识"的其他"地方知识"。

豫剧属于河南的地方戏曲，豫剧知识属于"地方知识"。2022年新课程标准增加了传统文化教育的比重，教师需要引导更多的孩子了解戏曲、爱上戏曲，感受中华优秀传统文化的魅力。但经过调研过程和深入戏曲教学课堂之后发现，老师们讲授最多的戏曲知识就是戏曲行当、功夫等，往往只限于浅层认知，并没有深入。中国的戏曲与希腊的悲剧和喜剧、印度的梵剧并称为世界三大古老的戏剧文化。戏曲是一门综合艺术，是时间艺术和空间艺术的综合，这种综合性是世界各国戏剧文化所共有的，豫剧是中国戏曲的一个典型代表，有着独特的魅力，它融曲词、音乐、美术、表演于一体，其最重要的

---

① Semali L M, Kincheloe J L. What is indigenous knowledge?: Voices from the academy[M]. Routledge, 2002.

特点是虚拟性，舞台艺术的表现不仅模仿了纯粹的生活，而且选择了生活的原始形式，提取、夸大、美化并将观众直接带到艺术殿堂。

（2）豫剧课程资源的分析应考虑"人"的因素

在这里我们要特别分析一下人力资源。人力资源是豫剧课程资源的重要资源，在豫剧的传承及教学中至关重要。个体的独特性形成机制可被解构为多维度心理建构体系，其核心由知识储备、思维模式及情感倾向构成。在指向课程资源开发时，主要包括学生原有的知识经验和思维情感等，学生与老师、家长及同伴等群体的接触，再加上参与社区生活而获得的知识、情感、态度、信念等共同构成了其独特性。教师通过与自身的经验和对学生的了解观察，是能够将之转化为课程资源的。所以说，课程资源开发需要教师具有一双"慧眼"或培养一双"慧眼"，要从那些司空见惯的客观存在中，挖掘出有价值的课程资源。如我们经常会看到社区居民小型的豫剧沙龙，我们不妨录制一个片段作为一个上课素材，为学生使用，学生看到这样熟悉的场面再去学习，就会有一种身临其境之感。

经过分析后，看似普通的课程资源也能有一部分被开发和加工成有益于学生和教学活动的课程资源。此外，还要考虑豫剧课程资源与学生的符合度问题，如一个完整的豫剧折子戏，不能把整场戏搬到课堂上，而是要经过分解、梳理，将适合学生的、与教材内容相匹配的、课堂拓展需求的作为课程资源使用。研究者认为豫剧课程资源只有在经过筛选、分析、建设后才能成为校本课程资源，才可以放到课堂上作为课程资源使用。如图 4-3 所示，只要符合学生的审美认知需求，学生乐意接受的，都是好的资源。

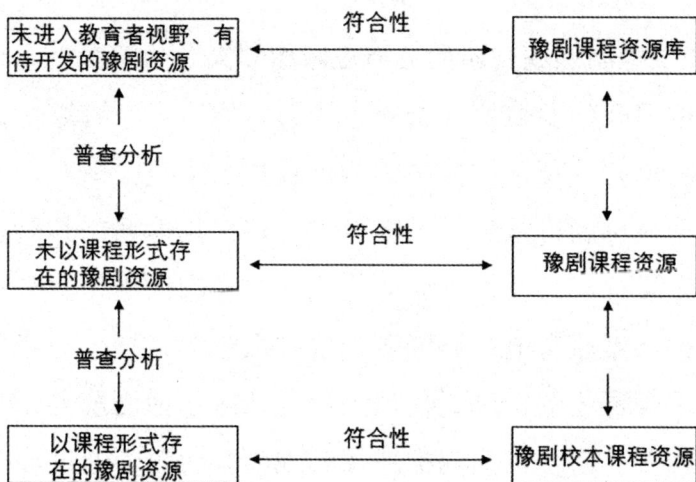

图 4-3 豫剧课程资源普查分析图

三、豫剧校本课程资源开发的两种资源类型

豫剧文化课程资源，隶属"地方知识"，豫剧文化作为帮助河南人民实现内在发展的一种独特而又非常宝贵的"资源"，理应被加以保护、利用和发扬。故此，豫剧校本课程资源的开发是将"地方知识"转化成一种"转变的力量"，是音乐校本课程资源开发过程中的一个重要环节。豫剧校本课程资源开发就是对构成音乐校本课程的校内资源和校外资源进行开发。为了方便教师操作，便于学生理解，本书主要从空间的角度，把豫剧课程资源分为校内课程资源和校外课程资源两类，见表 4-1。

表 4-1 豫剧课程资源分类表

一级指标	二级指标	三级指标	资源分类	具体表现
豫剧校本课程资源	校内课程资源	素材性资源	教材资源	不同版本的音乐教材 跨学科的戏曲资源
			活动资源	课间活动资源 课外活动资源
			豫剧要素资源	豫剧音乐 豫剧流派 豫剧行当 豫剧化妆 豫剧脸谱 豫剧行头 豫剧表演 豫剧剧目 豫剧历史 豫剧伴奏
		条件性资源	教育场所资源	校内剧场、功能教室等
			教育环境资源	校园广播站、校园电视台、学校自媒体等
		人力资源	音乐教师	
			在校学生	专业学生、非专业学生
			其他人员	豫剧爱好者
	校外课程资源	素材性资源	文化史料资源	豫剧发展历史、豫剧历史人物等
			政策类资源	国家政策、地方政策、学校支持等
			网络资源	地方戏曲网站、豫剧网站、抖音等
		条件性资源	校外设施资源	文化馆站、剧团、文化厅局等
			社会实践基地	校外豫剧团体、社区实践基地等
		人力资源	开发技术人员	课程专家
			校外支持人员	豫剧专业人员、学生家长等

1. 校内课程资源

（1）校内素材性资源

校内素材性资源含教材资源、活动资源和豫剧要素资源等。

首先，音乐教材资源。在 20 世纪 80 年代之后，按照具体教学形式为划分依据进行教材编排是中小学教材编排的常见体例。在音乐教材方面，具体的教学活动有歌唱、乐理知识、乐器、音乐剧等多种，在具体的编排过程中，可根据学生的实际学习需求进行具体的增减。进入 21 世纪之后，音乐教材均包含音乐表现、音乐鉴赏、音乐创造、音乐与相关文化四个学习模块。

教材概念从不同角度有不同的解释，概念界定也比较广泛，但其中最为核心的要素是教学材料。从教材的内容来看，如初中音乐教材内容可以分为唱歌、欣赏、器乐、音乐理论、音乐活动（唱游、音乐表演）等。从教材版本来看，比较普及的有人教版、人音版、湘教版、花城版、冀教版、鲁教版等。从发展历程来看，关于唱歌内容的教材起步最早，影响力最大。教材中的音乐欣赏往往是与音乐的体裁和历史相结合进行的，后来逐步增加了以音乐或文学体裁为组织方式的欣赏教材。后来在教育的不断革新中增加了口风琴、竖笛、陶笛等小乐器和简单的打击乐器进入课堂。音乐理论知识遵循由浅入深、由易到难、由简单到复杂的音乐学科逻辑顺序和认知顺序进行，见表 4-2。

表 4-2 常用的音乐教材版本表

教材版本	教材特色	内容设置	呈现方式	涉猎戏曲内容
人音版	第一批实验教材，主题鲜明的单元作为教材编排的基本框架	突出演唱、欣赏、知识与技能、实践与创造、学习评价等内容	简谱版和五线谱版	七年级下册第六单元"戏曲新韵"；八年级上册"天南地北河南人"；八年级下册第五单元"京腔昆韵"；第六单元"梨园春色"；九年级上册第六单元"梨园荟萃"；九年级下册第五单元"戏曲撷英"

人教版	第一批中小学实验教材，体现个性发展和时代特征，选材范围宽泛，编排形式新颖	突出感受与鉴赏、音乐表现、音乐创造音乐与相关文化等方面	简谱版和五线谱版	八年级下册第二单元"梨园风采（一）"；九年级下册第二单元"梨园风采（二）"
湘教版	第一批实验教材，选取贴近学生兴趣爱好的情景主题和单元主题作为组织材料的基本依据	突出欣赏、演唱、音乐知识、活动与练习	简谱五线谱兼容版	七年级下册第七单元"梨园百花（一）"；八年级上册"梨园百花（二）"

基础教育把教材作为唯一的课程资源是一种常见现象，主要体现在各门课程文化之间是分离的，缺乏文化的多元渗透，特别是在人文学科之间有密不可分的联系。例如，语文学科是最重要的交际工具，内容涉及博大精深的中华文化；数学学科强调内容、思想方法和语言，是现代文明的重要组成部分；艺术类科目不仅能单纯地带给人类心灵的愉悦，同时也是人类文化积累沉淀的智慧结晶。从各门课程文化的表述上来看，各门课程都是文化资源开发的阵地，给课程资源开发拓展了更大的空间，实现了课程文化资源的有机整合。

跨学科教学资源的整合是以知识的联系为纽带，通过内容的情感化、知识的结构化、手段的多样化将核心概念归属的学科作为主要视角，对教学认知体系中的不同概念进行联系。例如，在初中阶段，语文、政治、历史教材都会涉及中华优秀传统文化方面的内容，对不同学科中的传统文化和豫剧内容之间联系进行整合，开发出来的资源与音乐教材所开发的豫剧内容进行二次开发、梳理，会拓宽师生的视野，拓展教师的知识储备，见表4-3。

表4-3 初中其它学科所涉及的传统文化内容表

学科	版本	相关传统文化
语文	人教版	八年级上册："综合性学习"。身边的文化遗产。活动形式，文化遗产推荐与评价。破坏文化遗产的主要因素
历史	人教版	中国历史七年级下册第12课"宋元时期的都市文化"讲述宋杂剧和元曲的发展与豫剧历史发展之间渊源。第21课"清朝前期的文学艺术"讲述昆曲与京剧艺术的发展。八年级下册第18课"科技文化成就"讲述1956年，"百花齐放、百家争鸣"的口号方针在文学艺术领域得以开展
政治	部编版	九年级上册第五课"守望精神家园"表达延续文化血脉，文化是一个国家、一个民族的灵魂

其次，活动资源。校园音乐文化活动，一种情况是学校有组织地进行，如说课间操、课间音乐展示、文艺汇演等，另一种是由学生凭兴趣自发组织、自愿参与的，各种活动也是由学生自主管理的，满足自我管理、自我学习、自我服务的艺术活动需求。戏曲、音乐本身就是一种极强的表演艺术，汇报演出、文艺晚会、歌唱比赛以及与其相关的各种创作性艺术表演活动都有着极强的实践性。设置配套的音乐活动课程，是教学有连贯性、系统性，扩大教学效果，提升音乐文化活动质量的体现，如豫剧社团的创立能有效补充课堂上所不能完成的豫剧教学活动。

以往学校所组织且已经存在的音乐活动都是音乐校本课程开发的重要内容资源，可以对以往活动的改造利用，使其焕发新的生命活力。在中小学，学校大多组织课间音乐活动，还有一些学生因爱好而自发形成的音乐活动，这些都是校园中可以挖掘的课程资源。将学生们喜闻乐见的日常音乐活动加以整理改造，重新开发利用，创造新的音乐游戏，既丰富了课程的内容，又符合乐校本课程开发的初衷。

再次，豫剧要素资源。如豫剧唱腔音乐、豫剧流派、豫剧历史、豫剧行当及唱法、豫剧化妆、豫剧脸谱、豫剧行头、豫剧表演、豫剧伴奏等。豫剧的唱腔音乐是最具有河南特色的音乐腔调，音乐响起，人们马上就能知晓是最具有河南特色的戏曲文化。"豫剧的唱腔音乐是板腔体制的具有程式性的戏曲音乐，又称板子音乐。它的基本曲调主要通过板腔变化，或叫作板眼变化，发展形成了相当数量的有着稳定的旋律和结构规范的唱腔板式。"[1] 豫剧便是依赖这些形态各异富有表现力的唱腔板式，来演唱故事、塑造人物、配合舞台表演，来实现豫剧唱腔音乐的功能和艺术价值的。也正是这些丰富多彩、各具特色的众多唱腔板式，组成了类似歌剧唱腔音乐的艺术体系，建构了豫剧唱腔音乐的艺术风格和特色。

豫剧流派。1980年，关于豫剧"流派"的问题才第一次被正式提出，参考了之前京剧流派划分的经验，以唱腔和表演风格为参考依据作为评判标准。之前民间自发进行划分的时代已发生变革，在20世纪80年代的"河南省第一届流派调演"中，[2] 认定评选的范围只限于河南本省，对省外的豫剧名家没有考虑

---

① 范立方. 豫剧音乐通论 [M]. 北京：中国戏剧出版社,2000(12):95.

② 马紫晨,关朋,谭静波. 豫剧图解艺术 [M]. 北京：清华大学出版社,2015(2):47.

进来，也是一个缺憾。中华人民共和国成立后，又在"流派调研"时给予一定肯定的艺术名家有以下九位：常香玉及常派艺术，陈素真及陈派艺术，崔兰田及崔派艺术，马金凤及马派艺术，阎立品及阎派艺术，桑振君及桑派艺术，唐喜成及唐派艺术，李斯忠及李派艺术，牛得草及牛派艺术。

豫剧历史。豫剧文化离不开其历史发展轨迹，系统地了解豫剧的历史沿革有利于学生掌握。历史上全面论述豫剧形成发展史的著作还没有。对于豫剧的产生情况，只能在一代代艺人们的口传心授中听到一些传说，或者从某些著述中看到一些片段的有关资料。关于我国豫剧产生的具体时间至今无法明确界定，学术界对此各执一词，起源于北宋或是明朝至今没有定论。据我国戏曲发展的历史来看，我国诸剧种形成的一般规律不外乎以下几种情况：一种是综合演唱的艺术形式，结合家乡的民歌音乐、当地的传统舞蹈、杂耍、说唱等从开始唱情、唱事发展到有情节、有人物出现，逐步形成戏曲形式。二是外地已形成的戏曲形式，由于某种原因，或历史的、地理的、生活的变化等，传播到外地，与当地传统的地域艺术交流、融合，逐渐演变成新的表演艺术形式。三是本地传统的地域音乐，尤其是民间说唱，与其他戏曲唱腔艺术结合、创新，逐渐在本地区形成新的戏曲形式。[①] 关于豫剧的起源，现在虽无法明确具体的历史时期，但根据相关资料记述，豫剧大致是在昆曲、弋阳腔等剧种之后形成发展的。根据《扬州画舫录》及《明皇宫碑记》

---

① 王基笑. 豫剧唱腔音乐概论 [M]. 北京：人民音乐出版社, 1993(7): 2.

的文献记载，在明末清初时豫剧已经形成了完备的戏曲形式，兴盛繁荣，已有近三百年的历史。①

　　豫剧行当及唱法。不同戏曲的行当，演唱时所用的嗓音不同。周贻白先生在《唱论》注释中讲："往昔论中国戏曲者，认为唱'老生'者，其嗓音应具备'小龙虎音''云音''鹤音''琴音''猿音'；唱'净'者，应有'大龙虎音'及'雷音'；唱'小生'或'正旦'者，则应具备'风音''云音''鬼音'。比之器乐，则'笛'像龙吟，'笙'像风啸，'琴'似和风，'鼓'如雷震。'虎'音指其'沉雄'，'鹤音'指其'嘹唳'，'云音'指其'高亮'。'猿音''鬼音'，则譬之为'凄切''幽咽'。"② 京剧的行当唱法比较清楚，不仅生、旦、净行演唱用了不同的嗓音，而且老幼分明。豫剧由于自身的发展轨迹与京剧不同，不像京剧那么严格，早已形成了非常严谨的规矩。豫剧虽有行当区分，比较大或较为讲究的班社也很讲规矩。但多数戏班由于演员流动频繁。一道嗓音什么角色都可以唱，小生和小旦演员可以用同样的嗓音串演老生或老旦，这就使豫剧行当声腔的发展出现许多误区，如铜锤花脸和架子花脸、小生和老生、小旦和老旦在唱法上分不太清楚。

　　豫剧化妆。豫剧的面部化妆随着时代的发展也在逐步发展、变革。豫剧化妆主要包括面容、发式、头饰、髯口等。目的是塑造人物形象，与剧情需要相契合，内涵的呈现及表达更准确，

---

① 王基笑 . 豫剧唱腔音乐概论 [M]. 北京：人民音乐出版社 ,1993(7):2.

② 范立方 . 豫剧音乐通论 [M]. 北京：中国戏曲出版社 ,2000（12）:579.

艺术的观赏性进一步提高。

豫剧脸谱。中国戏曲脸谱是在唐、宋涂面化妆的基础上发展起来的，性格刻画鲜明夸张。它吸收了面具的优点。戏曲脸谱本是戏曲表演时以化妆来刻画角色的一种辅助手段，但因其在具备艺术之美的同时又充盈着丰富的传统文化内涵，在民间生活中拥有广泛的群众喜爱基础，并在现代社会逐渐成为一种拥有独特内涵的审美艺术形式。脸谱现如今已不仅仅停留在戏曲舞台上，它凭借着优美的形象已经走入社会生活之中，脸谱图案不仅装扮美化我们的生活，而且弘扬中华优秀的戏曲文化，并逐渐走向世界。

豫剧行头。"行头"是戏曲角色所穿戴服装的泛称，包括帽、衣、靴鞋等。"在河南发现的宋元杂剧雕像砖、壁画、雕塑中，角色扮相的穿着与其身份相应的袍衫、裙衣、裤褂，是对生活服饰的美化加工。"①豫剧在清代中期逐步形成，服饰艺术与明末清初河南流行的地方戏有直接关系，如罗卷戏、弋阳腔、徽汉二黄等。豫剧服饰的功能与作用是塑造人物性格、身份，美化人物行动，把人物的心理和情感活动艺术化，在戏曲表演艺术中有着举足轻重的作用。

豫剧表演。"豫剧演员以意象化的表现手法进行艺术的夸张和虚拟的表达，这种高度歌舞化的表演方式，既包含了丰富的技法、技能，又融入了演员的思想情感和文化修养，在长

---

① 马紫晨，关朋，谭静波.豫剧图解艺术 [M].北京：清华大学出版社,2015（2）:103.

期的舞台实践中逐步形成一套严格的、完整的、规范的表演程式。"①"四功五法"是戏曲舞台最基本的表演程式和手段。

豫剧伴奏。场面在豫剧艺术中尤为重要。常言道，三分唱腔，七分场面，乐队作为戏剧艺术中的重要组成部分，可展现戏曲剧种的多样风格。乐队贯穿于整个艺术表演体系之中，在豫剧演唱、舞台表演、上场下场、出将入相、兴兵转场无不以乐队的伴奏来烘托。

（2）校内条件性资源

校内条件性资源包括教育场所资源和豫剧环境资源。

一是教育场所资源。要把校内音乐教育场所的功能发挥到极致。学校内部的剧场、音乐教室、多媒体教室、录播教室、报告厅、体育场馆、MID教室、电子钢琴教室、琴房、舞蹈排练室等场所，都可以作为音乐、豫剧课程资源的一部分。这些硬件资源在学校内部的日常教育教学活动中发挥不可估量的作用，条件决定着内容的质量和效果。同时利用这些场所举办节假日活动、纪念活动、开学典礼、放学典礼、各种类型的演唱会、戏曲沙龙、音乐会、文艺汇演、音乐讲座等，能丰富学生校园文化生活，提高其艺术品位，进行五育融合。另外，充分利用校内剧场，在引导学生聆听不同流派豫剧、地方戏曲作品，组织学生开展器乐、戏曲兴趣小组教学活动等方面，需要依赖于相关设施、场地来进行。因此，教学场地、教学器材对于开展

---

① 马紫晨，关朋，谭静波.豫剧图解艺术 [M].北京：清华大学出版社，2015（2）:197.

丰富多样的音乐教学活动不可缺少。丰富的校园文化生活离不开实践性条件，校内剧场、礼堂、大型报告厅是公共艺术活动的公共空间和必要条件，能给学生文艺文化生活带来极大方便。公共性是公共艺术的前提和灵魂，豫剧教学不能仅限于课堂知识的传授，学生如果没有舞台实践，很难对课堂上所讲的内容进行补充。通过豫剧社团、豫剧沙龙、豫剧进校园等不同形式丰富学生的校园文化生活，也是豫剧校本课程资源重要组成部分。然后，利用校内功能教室。班级授课制是目前我国最为普遍的教学授课模式，教室是教师授课学生学习的主阵地。学校里的音乐教室、琴房、舞蹈厅、排练厅都成了课堂教学活动的主要场所。不同的是，虽然教室的形式结构都很相似，但功能不同，除了与文化课教室相同的设备外，还配置有钢琴、小乐器、打击乐器、多媒体、音响、挂图等音乐设施要素。多媒体电子设备的出现，可以使教师利用智能技术通过信息化、数字化的形式将各种乐理知识传递给学生，为豫剧课堂教学及豫剧排练活动提供了极大的方便。随着信息智能技术愈加完善成熟，云计算、大数据、人工智能不断涌现，学生和教师的信息素养越来越高，在中小学的音乐教学中，信息化的程度也在稳步提升。随着校内音乐智慧教室的建设推广和云端数据的充分使用，学生的主体地位与个性化发展空间进一步扩充。

二是教育环境资源。教育环境资源包括校园广播站、校园电视台、学校自媒体等。校园生活是丰富多彩的，音乐文化生活也是校园生活一个重要组成部分，要充分发挥校园广播站、校园电视台、学校网站、学校视频号、微信公众号等媒体进行音乐文化宣传，配合学校美育和艺术教学工作，开展丰富多彩的艺术系列活动。例如，上课、下课、起床、预备、集合等使用含有音乐元素的铃声；中午放学时间，可以利用广播站播放积极向上的流行歌曲、传统民歌、地方戏曲等；课间操时间，可以播放铿锵激昂的进行曲来鼓舞士气，跑步可以定制节奏感强的跑步音乐；下午课外活动，可以播放不同主题的音乐常识、戏曲知识、名家名段等；班会、周会时间，可以利用校园电视台进行专题播报等各式各样的音乐文化活动。总之，其目的是营造良好的音乐文化氛围，创造戏曲学习环境，丰富学生的音乐知识素养，充盈师生的校园生活。

校园广播站是学生校园生活中重要的娱乐美育场所，广播是宣扬健康积极的文化、创建魅力校园的重要途径。因此，应充分利用校园广播站的资源，宣扬河南传统的豫剧戏曲文化，提升学生的音乐鉴赏能力，推动传统戏曲音乐进校园。随着国家对美育提出的系列要求，校园里文化艺术生活是丰富多彩的，通过广播站的媒介作用，定时播放豫剧名段有助于营造一种戏曲的艺术氛围。广播站的好处就是学生在任何一个角落都能听到美妙的旋律，而且成本低，自由度高，起到一种潜移默化的教育作用。

条件比较好的中小学一般都设有校园电视台，在传播校园文化中，电视台、广播、报栏、校刊等校园媒体一起承担。校园电视台是重要的传播媒介，是精神文明建设的重要载体，在校园中宣扬正能量，培养提升学生的文化素养，引领中小学生对家乡戏曲音乐的热爱，有助于营造戏曲音乐学习的校园文化氛围。它的特点是视听兼备，形象、立体，容易接受。开通戏曲音乐栏目，把学生在校园内的豫剧文化生活进行展播，也能提高学生学习豫剧的兴趣。

随着科学技术的进步与发展，学校自媒体事业蓬勃发展，网络突破了时空的界限，使学校自媒体的受众更加广泛，它代表着一所学校的形象，在校内外的群体间都具有一定的影响力，其重要程度不言而喻。学校自媒体平台主要包括博客、微博、微信、论坛等网络社区，是一种私人化、平民化、普泛化、自主化的传播媒介。传播内容由"系统化"向"碎片化"转变，传播方式由"单向性"向"交互性"发展。可以把豫剧系统素材进行碎片化展示，短、小、精，但是受益面大，对豫剧氛围的营造有积极的作用。

（3）校内人力资源

校内人力资源包括音乐教师、在校学生和其他人员。所谓"学校人力资源，主要是指学校系统内外具有教育、教学、生产、科研、财务、行政和经营管理能力并取得国家认定与核发相应资格证的教师、职工和管理人员"。[1] 学校不仅要保持音乐教师资源供给与需求的平衡，还要保证音乐教师数量的，同时，还得把音乐教师的质量提上日常。除了音乐教师的专业素养外，还要注重音乐教师的教育素养和人文素养。音乐教师要不断提高自身的专业素养，具有课程开发意识及课程开发能力，从多方面出发，不断促进学校音乐教育质量的提升，从而推动中小学音乐校本

---

① 黄兆龙 . 学校人力资源管理研究 [J]. 教学与管理 ,2001(11):13.

课程的开发落实。在豫剧校本课程资源开发中，音乐教师是资源开发与利用的主体，不但是重要的课程资源，也是最大的受益者。强调音乐教师对豫剧资源主动的、充分的、多渠道的开发、利用，豫剧校本课程资源开发的程度和深度与音乐教师的素质水平直接相关，应把资源开发与利用的权利充分交给一线的音乐教师。

音乐教师本身就是音乐校本课程组织和实施的最重要的课程资源。其一，音乐老师是课程开发的主体。课程资源开发的重要环节，如音乐选曲的普查甄别等，都由音乐教师执行。音乐老师个人所具备的专业素养直接影响音乐校本课程开发利用的效益。其二，音乐老师是音乐校本课程的执行者。课程开发后的课堂实施都由音乐老师执行，音乐教师是极其重要的条件性资源。其三，音乐教师自身就是音乐素材的重要载体，一名专业技术过硬、音乐素养极高的音乐老师，在其课堂中，他自身的音乐技能就是校本课程资源的重要来源。因此，音乐教师在音乐校本课程的开发中起着决定性作用，其自身的专业素质、教学态度、工作热情都是影响校本课程开发的主要因素。

二是在校学生。其一，学生是构成教学活动的最为重要的人的因素。传统教育观念里总是把学生当作接受知识的容器，忽视了学生也是一种重要的人力资源。学生也没有真正得到全面发展。我们的观点就是将学生在教育教学活动中动态生成的各种状态和表现看作重要的资源加以开发和利用，为促进学生发展提供有利契机。学生在豫剧校本课程资源开发中通过自己的听讲、记录、思考、讨论、实验、练习、判断、评价等过程要素来提高认知、技能、经验等。在日常的学校课堂和社会实践之中，学生表现出不同的状态、情绪、态度，学生既可以作为课程资源开发的主体，又可以作为教学过程中的重要资源。学生的学习准备、学习反应、发展变化、学习效果等教学过程中呈现的变化以及在教学与课外实践活动中个人的自身素质条件都将成为课程开发中的差异性资源。其二，学生也是课程活动的主体。新课程改革的目标一直将学生放在主动建构者的位置，摒弃了传统教育中学生是被动接受者的形象。在音乐校本课程开发的过程中，一方面，要考虑作为主体的学生的个人需求，在满足学生要求的基础之来判断校本课程的开发方向和路线。另一方面，学生也要发挥主体作用，积极参与课程资源的开发、设计、实施等环节之中。

三是其他人员。校本课程资源的开发绝非易事，不是单单个人或者一个群体就能落实完成的，校内的其他成员，如学校领导层、学校行政人员以及其他科目的教师，都是重要的校内人力资源。如没有学校领导的批准支持，豫剧校本课程是很难开展落实的，另外，各学科老师之间相互合作交流，必定会给音乐校本开发营造和谐的氛围，促进思维的碰撞，产生新的想法与思考，反之，各方面人员若离心离德，则会给音乐校本课程的开发带来负面的影响。因此，除了音乐教师和学生外，其他学校成员也都是重要的校内人力资源，对课程的开发发挥着重要的积极作用。

要发挥学校教职工的力量，教职工也是学校可加以利用的校内人力资源，教职工自身可以向受教育者传递知识，进行思想教育，从而将受教育者培养成对社会有所贡献的专业人才。[①] 开发与利用动态生成性资源首先必须实现观念转变。在教师具备课程意识和资源意识的基础上改变对教学目标、学科结构、教学内容、教学方式、教学成果的认知，有意识地带动一切有助于课程资源开发有利的人员，不管是专职教师还是职员职工，只要对豫剧感兴趣的校内人员都可以成为课程资源开发的主体。

2. 校外课程资源

（1）校外素材性资源

校外素材性资源包括文化史料资源、政策类资源和互联网资源。

一是文化史料资源。历史是最好的教科书。2013 年 7 月 11 日习近平到西柏坡参观时说："历史是最好的教科书。对我们共产党人来说，中国革命历史是最好的营养剂。多重温这些伟大历史，心中就会增加很多正能量。"[②] 豫剧的文化史料资源仍然也是最好的教科书，就目前情况来看，豫剧文化资源的资料建设还很薄弱，受戏曲环境的改变，研究者还很拿到第一手的资料，基本上拿到的资源都是二手、三手资源，缺乏豫剧文化资源库。这座"历史丰矿"随着时间的推移遭遇冷落，呈现

---

① 中国大百科全书出版社编辑部 . 中国大百科全书（教育）[M]. 北京：中国大百科全书出版社 ,1985:146.

② 王玉平 , 张同乐 , 张志永 . 西柏坡红色文化资源数据库建设热议 [J]. 河北师范大学学报 (哲学社会科学版),2014 (1):140-145.

出自然消失和碎片化的迹象。

在内容设计上，我们建议建立资源库。在档案资源、文献资料的基础上进行分析筛选、系统归类、逻辑整合，运用现代数字化技术对整体资源进行数字化处理，建立一个全面、规范、完整、标准、实用的智能化豫剧资源大数据库，如论著论文类、声像资料类、历史人物类、豫剧曲谱类、口述豫剧史料等，分门别类地进行有序化、条理化整理。追溯和展示历史的原貌，也是豫剧文化资源数据库本身的学术价值。

二是政策类资源。"文化政策内容包含了大众娱乐、民间艺术节、业余体育、文娱活动等普通大众的文化需求，成为'为人民的文化政策'，而非'为艺术的艺术政策'，常常被其反对者批评为'社会政策'，而非'文化政策'。"[1] 随着"文化战争"的爆发，冷战结束，全球化到来，政府意识到文化概念比艺术概念更能符合形势需求，兼容各方政治信条。随着文化经济的发展，政府在措辞上从"公共艺术支持"向"文化政策"转变，改变了过去大众可望而不可即的"高雅艺术"状况，逐步扩展到更加广泛的综合文化活动。"二战"以后，我国也先后制定了有关文化艺术的一系列政策、法规、计划等，研究工作也逐步展开。这对我国文化艺术的发展既有引导、促进的作用，也有制约、调节的作用。

自 1999 年起，中共中央、国务院就颁布了《关于深化教育

---

[1] DiMaggio P. Cultural policy studies: What they are and why we need them[J]. Journal of Arts Management and Law, 1983, 13(1): 241-248.

改革全面推进素质教育的决定》，将全面发展的素质教育提上教育发展政策的章程，美育开始步入学校视野。21 世纪以来，党的十六大以来，都将"培养德智体美全面发展的社会主义建设者和接班人"写进政治报告之中，成为我们现如今重要的教育方针。2015 年 9 月，《关于全面改进和加强学校美育工作的意见》中指出，学校美育与德育、智育、体育相互促进，美育的价值进一步加强。2020 年 10 月，中共中央办公厅、国务院办公厅颁发《关于全面加强和改进新时代学校美育工作的意见》，并指出"美是纯洁道德、丰富精神的重要源泉""能提升审美素养、陶冶情操、温润心灵、激发创新创造活力"。国家在大方针上一直给予学校美育大力的支持。

在挖掘资源优势的同时也要深挖政策资源优势。政策优势可以带动资源优势，因此，应依据政策资源的优势构建适合河南地域特色的豫剧课程体系，利用文艺政策的指导思想，开阔课程开发者思维，放开胆子，迈开步子，处理好社会控制与尊重文艺规律的关系。

三是互联网资源。2022 年，河南省发布《河南省'十四五'教育事业发展规划》，其中提及的"互联网＋教育"行动计划对构建"互联网＋"条件下的人才培养新模式作了设想和安排，为中小学教育工作者带来新启发，包括实施教育基建工程，推进校园有线、无线、物联网、5G 网络"四网"融合，形成泛在、高速、绿色的校园网络。因此，要开发优质数字教育资源，以知识目录为纽带，构建中小学线上教育教学资源。"十四五"教育规划的提出为校本资源开发提供了新的动力。

互联网经历了技术性、平台性和资源性三个不同的发展阶段。它不再局限于是技术系统、应用平台，而成为一种战略性资源，推进供应链管理向信息化、网络化和智能化方向发展。随着现代信息技术的不断革新，利用互联网进行教学已经成为常态，如"校讯通""家校通""腾讯视频""钉钉"等平台架起了家与校、校与校之间的桥梁。豫剧课堂实录、豫剧微课堂、豫剧精品教案、豫剧知识问答等各种豫剧要素资源都可变成实实在在的网络资源。一方面可以弥补教育资源分配不均的不足，另一方面可以促使教师的终身学习、不断成长。丰富多样的戏曲网络资源、技能化的戏曲教育平台，积极调动了学生自主学习的热情。

（2）校外条件性资源

校外条件性资源包括校外设施资源和社会实践基地。

一是校外设施资源。校外设施资源主要是指在学校范围之外，但可以为学校音乐教育所用的一系列设施设备，如校外的音乐厅、文化宫、豫剧剧团等。这些校外的专业团队、专业设备及专业场地，可以补充学校音乐教育的不足，与校外资源的合作共享，提高校本课程实施的质量与水准。

在校本课程建设过程中，虽然社会力量的参与度相对低一些，但本着"利用一些可以利用的资源"的出发点，豫剧校本课程资源开发也尝试了社会力量参与课程实施的办法。首先，社区展示。对于学生的展示来说，这是一个非常好的平台。一方面，可以通过它来提升豫剧校本课程的影响力，为其发展研究提供更广阔的空间和平台。另一方面，通过社区展示，校本课程的实施情况可以得到检验，同时也对学生的参与度进行了肯定和奖励。其次，校外培训机构。培训产生的效益相对比较高，教学设备先进，专业性比较强，戏曲文化的建设相对来说学校专业，校外资源下的新型少儿戏曲教育培训已经有了良好的发展。

二是社会实践基地。由于基础教育长期以来受"应试教育"的影响和制约，学生发展不均衡、产生厌学情绪等状况较为严重。在这样的情况下，艺术实验、社会考察、社会实践等多样的课程资源的被忽视应当承担一定的责任。教师教学任务中，学生学习压力大，校内课程资源未被重视，校外课程资源的开发与利用也被忽视。这就要求我们：第一，利用好音乐厅、博物馆、展览厅等艺术场所等，以保证丰富多彩的课程资源不至落入闲置和浪费的状况。第二，积极参与到社会活动中去，利用好省市演艺公司、创作工作室、校外豫剧培训机构等课程资源。第三，建立音乐社会实践基地，在建立好校内音乐实践基地的基础上，还要开发校外的音乐社会实践基地，实现校内校外音乐实践教学和社会实践基地有机结合，形成校内外资源互补、连锁互动的艺术环境。校外实践教学内容可分门别类，如了解豫剧历史、了解豫剧文学、了解豫剧音乐、了解豫剧名段等。

对于艺术组织与音乐家之间究竟应当保持何种关系，美国的传统给出了一种解答。在美国，二者长期保持密切的联系，在某种意义上，这种关系搭建起了学校与音乐家之间的桥梁，在高校提倡产、学、研一体化教育模式的做法值得中小学借鉴，我们不妨也在中小学校尝试一下这样的模式。以校内艺术社团通过走进社区、走进企业、走进养老院或者以研学旅行的形式为学生提供展示才艺的机会等。近几年在中小学鼓励学生搞研学旅行活动，研学旅行有实践基地，基地大多提供体能训练场地，何不尝试在基地同时建设艺术及戏曲展示舞台，丰富校外社会实践内容？

（3）校外人力资源

校外人力资源包括课程开发专家和校外支持人员。他们在课程资源开发过程中都发挥着应有的作用，不可忽视。

一是课程开发专家。首先，课程开发专家的培训指导。音乐校本课程的开发实施是需要一定科学理论知识作为支撑的。课程专家掌握专业化的开发知识，现阶段的教师在这一方面稍显欠缺，教师虽有权利进行校本课程的开发研究，但在专业课程开发方面也需要依靠专家的指导与帮助，专家要给予正确的技术指引，保证校本课程开发的质量和水平。因此，从这个方面出发，校外课程专家是课程开发时的重要人力资源，与其经常交流、沟通，有助于促进音乐校本课程的完善。课程开发专家对提高豫剧校本课程开发质量具有关键性的作用，课程专家凭借其专业课程开发理论知识与实践经历，能对中小学豫剧音乐校本课程开发过程中面临的问题提出针对性指导意见，加强音乐课程开发的科学性、可执行性、理论性。其次，在校本课程开发之前，课程开发专家可与在校音乐教师沟通、交流，在课本开发具体实施之前，设计相应的规划策略以及整理收集数据，并对参与开发的音乐教师进行校本课程开发培训，增强专业性。同时，在课程开发的具体实施阶段，专家面对实际发生的问题，可以给予实时的指导与更正，确保音乐校本课程的开发与总体的课程目标保持一致，与学校的现实环境相匹配。最后，在校本课程开发完成之后，课程开发专家可指导构建校本课程评价体系，对校本课程在具体的教学活动的实际效果进行追踪评价。因此，在课程开发过程中，课程专家是不可或缺的支持力量。

二是校外支持人员。首先，借力校外戏曲培训机构的专业教师。文化课培训师资水平远远不如在职教师的专业素养和教育素养。但有意思的是，艺术培训机构的老师相较于学校专业教师在专业素养上要更专业，在当下不断变革的教育大趋势下，中小学音乐教师的知识技能、综合素养与发展速度都不能完全与之相匹配，特别是上级部门提出的"戏曲进校园"政策导致音乐教师力不从心，如戏曲培训机构的老师大部分由剧团退休人员和豫剧票友担任。他们没有学校杂务缠身的烦恼，一心一意搞专业，同时，中小学校招聘的都是音乐教师，不是专业的戏曲教师。因受政策影响半路出家学习豫剧唱段，大大限制了豫剧在校园内学习、传播。其次，借力校外不同领域的戏曲工作者的帮助。音乐教育应当有所创新，打破现有在校教师编制的束缚，广泛聘代课教师，或定期邀请音乐家及专业豫剧演员、学者进校园开展专题豫剧教育讲座，抑或增加小型化、专题化、及时性的课程内容等，如适时引入豫剧理论家、豫剧作曲家、豫剧剧作家等交流。所以说，校外的各种音乐技术人才都是学校音乐校本开发的重要人力资源，如拥有一定音乐水准的学生家长、具备专业乐理知识的音乐从业者，这些人员都是学校都可以通过适当的途径与其建立联系，在音乐校本课程开发的过程中，可以寻求他们的校外支持，发挥校外人员的专业音乐才能，集思广益，为音乐校本课程的开发提供专业人员支持，补充校外人力资源。

第三节 豫剧校本课程资源加工

为什么要对豫剧课程资源进行分类和再加工？因为分类是为了提高效率。在应用架构上有分类思维，能够帮助中小学教师捋清思路，方便中小学音乐教师开发豫剧课程资源。根据豫剧"地方性"特点和师生上课需求，分类开发的目的是提高豫剧资源的课程价值、教育价值，通过分类分析、筛选、创编、评价等环节，力争物尽其用，方便师生的有效使用。建构主义知识观认为"知识不是传播的，而是建构的"。建构与加工主要包括遴选、组合、改造、创造四个步骤。遴选，即对繁杂的课程资源进行选择和去粗取精，最终确定与本校学生的需要更为贴近的课程资源。组合是把相同材料的内容组合起来，如音乐教材中的"我们亚细亚""欧美风情""乡音乡情""高亢的西北腔""京腔京韵""梨园风采"等。改造是对原初课程资源的改编、变化的过程。这一过程可以对外国歌曲进行汉化，将其加工为具有中国特色的豫剧强调处理。创造则是对各种原初课程资源的素材进行分解、聚合、重组等，使其形成新的课程资源。本节采用创造的方式把豫剧原初的课程资源进行分解和重组。

一、豫剧课程资源中的音乐素材加工

研究者尝试把豫剧音乐资源进行分解、重组，把豫剧音乐分为豫剧声腔、豫剧曲牌、豫剧行当、豫剧表演、豫剧伴奏等，把豫剧课程资源分为校内课程资源和校外课程资源，把豫剧知识分为豫剧音乐、豫剧美术、豫剧文学、豫剧历史四类。当学生有需求时，这些豫剧音乐课程资源随手拈来，方便师生使用。

1. 豫剧声腔

豫剧声腔属于版腔体声腔，又称板子音乐，以一个曲调为基础，然后通过节奏变化的手法发展成富有戏剧表现力的唱腔板式。豫剧声腔的四大板类中，可分为两个派系：一是"二八板"和"非板"，二是"慢板"和"流水板"。过门音乐固定，声腔遵从一定的框架。豫剧的唱腔音乐是最具有河南特色的音乐腔调，音乐响起听者马上就知晓是否为具有河南特色的戏曲文化。

把不同结构式样的声腔唱法立个名称并归类概括，这种办法有利于学生理解，通俗易懂，而且便于交流，有利于传承和传授。一提到"慢板"，学生自然会想到节奏缓慢、宽广抒情；一提到"流水板"，学生会马上联想到涓涓流水、潺潺溪水，活泼跳跃、欢快流畅。板腔体戏曲的声腔板式基本上都是依据声腔的节奏和形象特征定名的。通常我们把"板式"解释为板的式样，即板眼的式样。豫剧的板式中就只有 $\frac{4}{4}$ 节拍的"慢板"，$\frac{2}{4}$ 节拍的"二八板"，$\frac{1}{4}$ 节拍的"流水板"和"非板"四种板式。它的内涵并非仅此而已，还应包括那些经过板眼变化所形成的有着特定节拍和节奏规范的声腔样式。

我们习惯与把"二八板"作为豫剧声腔的基本板式，这种"二八板"可以伸展，可以紧缩，也可以拉散，更可以变化出不同样式的唱腔板式。基础教育阶段音乐课堂最好的方式就是对比，同样旋律的不同板式效果是不一样的。

[谱例4-1] 称为"两句调"的铜器二八，通常称作"二八板"。如：

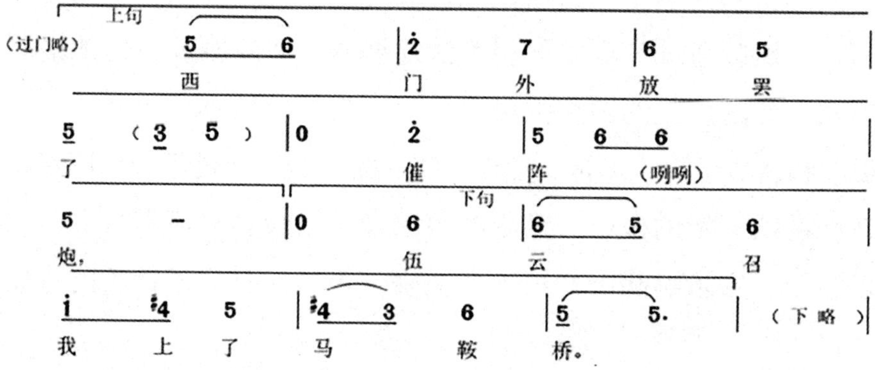

上句
（过门略） 5 6 | 2̇ 7 | 6 5 |
西 门 外 放 罢

5 （3 5） | 0 2̇ | 5 6 6 |
了 催 阵 （咧咧）

下句
5 — | 0 6 | 6 5 6 |
炮， 伍 云 召

1̇ ♯4 5 | ♯4 3 6 | 5 5. | （下略）
我 上 了 马 鞍 桥。

[谱例4-2] 用4\4节拍唱出来，便成了"慢板"。如：

4/4 5 3 3 | 2̇ 1̇ 7 6 | 5 — （1̇. 2̇ 3̇ 5） |
西 门 外

2̇3̇2̇3̇ 2̇1̇ 7 7 6 | 5 6 5）6 5 | 5 5 （5 6 5）| 2̇ — 5 — |
放 罢 了 催 阵

6 ♯7 6 — 5 | 5. （3 5. 3 | 2 5 6♯4 5 | 5 2̇ 7 6 7 6 5 |
（咧 咧） 炮，

5 5 5 5 3 5 6 3 | 5 — 6 6 5 6 | 1̇ ♯4 5 — |
伍 云 召 我 上 了，

2 5♯4 5 7 6 5）| ♯4 3 6 — | 5（5 5 5 | 1̇ 6 3̇ 2̇ 1̇ 7 6 | 5 — （下略）
马 鞍 桥。

[谱例4-3] 用1\4节拍唱出来，便成了"流水板"。如：

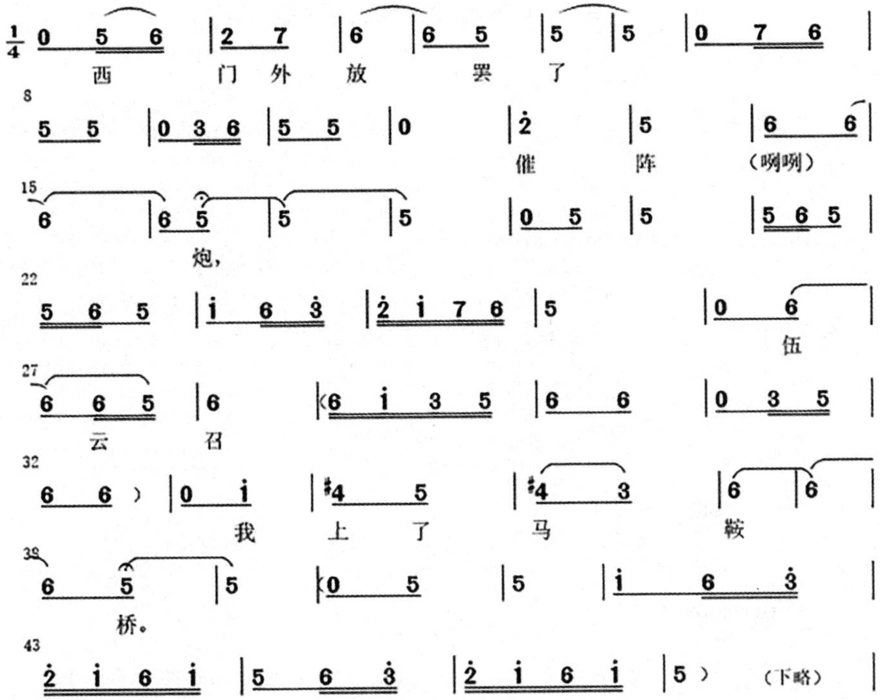

[谱例 4-4] 把节奏拉散，也可以边做"非板"。如：

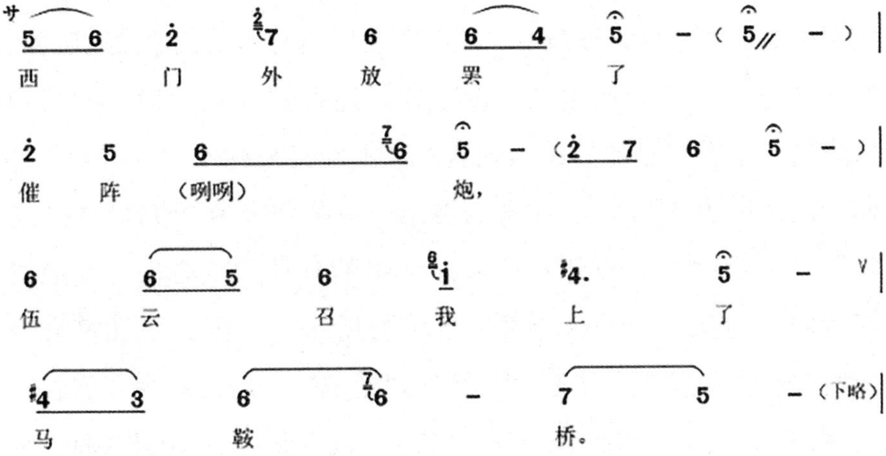

豫剧声腔的板式分类，见表 4-4。

表 4-4　豫剧声腔板式分类表

		正板	[慢板]				
二八板（原板）	慢板类	变化	[金挂钩]、[反金挂钩]、[连环扣]、[七折]、[哭剑]、[拐头钉]				
	二八板类	正板	[二八板]				
		变化	[二八叫板]、[二八连板]、[二八连弹]、[二八跺板]、[快二八板]、[哭二八]、[踢脚靠]、[狗撕咬]、[呱嗒嘴]、[搬板凳]、[倒三梆]、[紧二八板]				
	流水板类	正板	[流水板]				
		变化	[流水连板]、[水上落]				
	非板类	正板	[非板]				
		变化	[滚白]、[大起板]、[大栽板]、[小栽板]				

2. 豫剧唱法

豫剧用嗓主要分为七种：大本腔、二本腔、艳腔、阴阳腔、夹本音、炸音、老包腔。

大本腔又叫大本嗓，即人们常说的"真声"。大本腔因其使用的是真声，故音域较窄，但音质色反而能营造出真实、质朴、亲切之感。从声音质地的角度观之，这种"大腔大口"的演唱表现出了粗犷、豪放的感情风貌。二本腔又被称作"二本嗓"，即人们常说的"假声"，在豫西洛阳一带则称之为"边音"或"偏音"，是 20 世纪 20 年代以后才诞生的一种用嗓方法，女演员二本腔多为豫东"地区流派"的演员所采用，因其更加符合音乐声腔自身的表现。"讴声"始称"艳腔"，后发展为"鹰腔"之称，俗语讲"三本腔"，又叫"二音"或"小嗓"；艳腔亦即"纯假声唱法"的一种，演唱音域与二本腔假嗓大致相同，但其发声时声带的挡气作用会有所缺失，故其音质呈羸弱、虚脱和尖细之状，整体而言声音缺乏穿透力和爆发力。阴阳腔集大本腔和二本腔二者之法，两种情状一种足中、低声区用大本腔演唱，而高声区用二本腔演唱，换声区真假声分离而无过渡，此即所谓"真一腔，假一腔"，常见于生角演员的表演。二本腔之"假声"被视为一种声音材料，其与大本腔的真声有机结合，能塑造出一个新的声音形象，既能发挥二本腔高音技巧之特点，又能妥善处理其音色与角色之间不吻合的冲突，一种新的用嗓方法由此诞生。老包腔产生于村野高台时期，是豫剧净角（黑头）为表现该行当行侠仗义、勇猛精进之舞台形象与气质特点而应运而生的一种用嗓方法，主要分为"虎音"和"炸音"。"虎音"低沉、浑厚，"炸音"狙犷、高亢。这两种发声技巧在豫剧表演中，不但丰富了唱腔表现力，也增强了角色的情感表达。

3. 豫剧曲牌

豫剧曲牌音乐通常指豫剧传统曲牌而言，它历史久远，流传很广，曲目众多，风格鲜明。经记录整理的曲牌音乐有500多首，它是一代代戏曲前辈为后辈留下的丰厚戏曲遗产。小学生因处于义务教育初级阶段，其参与性是有限的，但初中生和高中生作为河南本土学生有必要对豫剧曲牌音乐作一个简单了解。

首先，在中华人共和国成立前，豫剧舞台音乐的运用有着约定成俗的套路和基本固定的音乐程式，如出朝廷、出将相、升帐、兴兵、转场、操练、摆阵交战等。什么样的场合、什么样的人物出场，都有专用的曲牌。如正面人物升帐专用曲牌"一枝花"。如谱例4-5所示。

[谱例 4-5] 专用曲牌"一枝花"。

一枝花

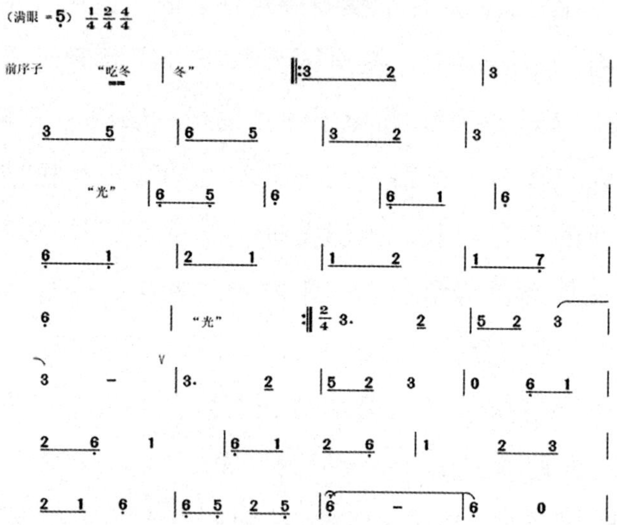

其次，选取配乐的方法。在传统曲牌中，选择那些表现力和情感型相近的牌子作为配乐使用。以戏曲音乐一曲多变运用的原则为依据戏曲音乐具有程式性特点，在声腔和曲牌音乐的选择中，都只能提供一个大致的情感乐谱，只有演员的具体表演和唱词相结合，才能使意义更加明确。例如，调子比较欢快的"四合四""大桃红"适配于洞房花烛等场景；"双叠翠""倒贴"之类的曲牌，其曲调始于河南的民间小曲，流畅悠扬，也体现欢快的戏剧情绪；"急毛猴""苦中乐""哭剑"等曲牌，则更多地表现出悲苦、愁苦的戏剧情绪，再配上演员的舞台表演，明确的具象感受才会在观众眼中形成。

[谱例 4-6]"大桃红"表现喜庆、欢快的气氛。

曲　牌　联　奏

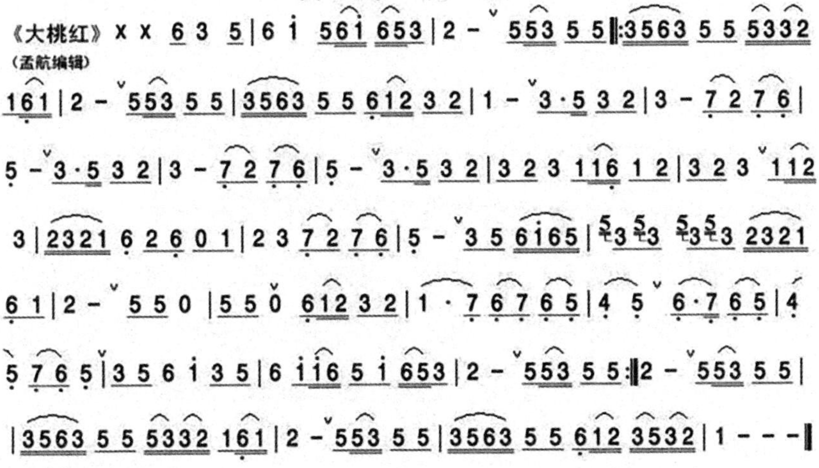

[谱例4-7]"苦中乐"表现悲苦低落的情绪。①

苦中乐

---

① 注：本章所使用谱例摘自马鸣昆，范立方《豫剧传统曲牌音乐》一书。

4. 豫剧行当

豫剧行当唱法，主要可以归纳为以下几种类型。

一是生行唱法。在豫剧生行唱法中，用得最多并且最有特点的是老生和小生的唱法。生行：须生（大红脸、二红脸、老生）、小生（官生、扇子生、翎子生、贫生）、武生（长靠武生、短打武生）、娃娃生。老生唱法，目前能为后人竞相效仿的主要有唐喜成、唐玉成、王二顺等几个派别。他们的演唱，无论是嗓子运用，还是演唱曲调，都形成了一定的特色和规范。在豫剧艺坛上，曾出现过许多有很多光彩和影响的小生演员，如赵一亭、黄儒秀、马天德、许风云、王素君、修正宇等，他们在嗓音运用和声腔唱法上都有许多创造和建树，给我们留下了非常丰富的、宝贵的艺术遗产。目前，豫剧小生行当的唱法，大体可分为假嗓、真嗓、真假结合和女性小生唱法等几种类型。

二是旦行唱法。豫剧旦行声腔遗产丰富，流派纷呈。豫剧把所有女性角色都称为旦行。旦行可分为正旦（青衣）、花旦、闺门旦、帅旦、刀马旦、武旦、老旦、彩旦等。常香玉、陈素真、崔兰田、马金凤、阎立品、桑振君等一大批老艺术家在演唱艺术和声腔创造上都有很多建树，为我们的豫剧作曲提供了许多可资借鉴的宝贵经验。在演唱上有的主要用假声演唱，如陈素真、马金凤、阎立品、桑振君等，主要演唱祥符调；有的主要用真生演唱，如常香玉、崔兰田，以演唱豫西调。

三是静行唱法。静行又名"花脸行"，是豫剧中的一个重要行当，可分为大花脸、二花脸等，均面部勾画，扮演性格和品行迥异的人物，其中的包公戏更是一大特色，深受喜爱，静行在豫剧的众多曲目中，拥有广泛的群众基础。静行代表性的艺术家有李斯忠、王再岭，以及吴心平、李长安、赵连成等，他们都为豫剧静行声腔的发展作出了重要贡献。近年来，更有不少女演员习唱静行，很多剧团都有"女老包"，豫剧静行艺术呈现了新的发展势头。

四是丑行唱法。丑行也是豫剧一个重要行当，俗称"三花脸"。丑行可以分为文、武两种。文丑又分为官丑、公子丑、小丑、老丑等。武丑多扮演武艺高强、机警幽默的角色，如武士、侠客、匪盗、马僮等。少年丑角为娃娃丑。历史上曾出现过许多著名的豫剧丑角演员。近年来，著名表演艺术家牛得草和高兴旺影响较大。他们的代表剧目，如牛得草的《七品芝麻官》《做文章》《仨愿意》等，高兴旺的《跑汴京》《推磨》《喝面叶》《刘二愣卖烧饼》等都在观众中享有盛名。丑行的声腔唱法由于多表现风趣、幽默、会写、滑稽的人物性格，有时要说、学、逗、唱，有时唱中加白，加数板，或数板中带唱，比较自由，千变万化，不拘一格。演员多是根据自己的嗓音条件，选择运用不同的演唱方法。

5. 豫剧表演

"豫剧演员以意象化的表现手法进行艺术的夸张和虚拟的表达，这种高度歌舞化的表演方式，既包含了丰富的技法、技能，又融入了演员的思想情感和文化修养，在长期的舞台实践中逐步形成一套严格的、完整的、规范的表演程式。"①

"四功五法"是戏曲舞台最基本的表演程式和手段。"四功"指唱、念、做、打四种表演功夫，"五法"是指手、眼、身、法、步五中技术方法。"四功"是表演的基础，"五法"是"做工"的延伸。二者共同构成了演员的基本规范套路。

"唱"为四功之首，艺人有"千言万语唱当先""一唱遮百丑"之说。唱，首先要讲究运气和发音，运气要注意气沉丹田吸得深，呼吸要均匀，做好提气、沉气、偷气、换气等功夫。发音注重胸、咽、鼻、口的共鸣，讲究"五音四呼"的演唱技巧。"五音"在戏曲中其实就是发音的位置，即"唇、齿、舌、牙、喉部"。四呼指咬字时口型开、齐、撮、合，同时讲究收音归韵时"十三辙"的韵脚规范，以达到字正腔圆，韵味浓郁。

"念"为表演中的道白，戏称"千斤白四两唱"之说。道白的技巧有轻、重缓、急、抑、扬、顿、挫，首先要把握好节奏。艺人们把它总结为"快而不乱，慢而不断，高而不喧，低而不散"。念白有独特的音乐感和旋律感，在刻画人物、表达情感上有重要作用。

"做"就是戏曲中的做功，指演员形体动作对内心情感的体现，贯穿表演始终，常说"做戏"，即表演功夫。按照动作特征可分为虚拟动作、姿态动作、情绪动作、生活动作、特技动作等几种形态。

---

① 马紫晨，关朋，谭静波.豫剧图解艺术 [M].北京：清华大学出版社，2015（2）:197.

　　"打"指表演中的武打。戏中激烈的战斗场面、敌我双方的搏斗，就是以武功表演为主而组成的。豫剧的武打戏中，许多唱段兵器、套路均来自中原武术，带有鲜明的中原特色和风范。打功主要分为毯子功和把子功两个层面。

　　"五法"在戏曲表演中贯穿始终。手，运用姿势不同，表达喜怒哀乐情感也不同，手势如兰花指、剑指。眼，艺人说"一身的戏在脸上，一脸的戏在眼上"，因为眼是传达思想感情的主帅。常用的眼法有笑眼、媚眼、泪眼、醉眼、冷眼、疑眼、傲眼、呆眼、嗔眼、秋波眼等。身，即身法，身段造型的姿态、范式、力度的掌控方法。法，指做功表演的基本准绳、法度。如：欲进先退、欲退先进等。步，指台步，练习身段最基本的功夫，如碎步、云步、叠步、磋步、跪步、轧步、跳步、滑步等。

6. 豫剧伴奏

　　场面在豫剧艺术中尤为重要，常言道，三分唱腔，七分场面。乐队作为戏剧艺术中的重要组成部分，可展现戏曲剧种的多样风格，乐队贯穿于整个艺术表演体系之中，在豫剧演唱、舞台表演、上场下场、出将入相、兴兵转场无不以乐队的伴奏来烘托。

　　一是乐队发展演变。最早在1933年《续安阳县志》中有关于梆子戏乐队的记载。"梆子戏，其外台乐器，除鼓、板外，有铙、拨、锣、镲各一，胡琴二，梆子一，俗称场面，有紧七慢八之说。"除打击乐外，文场只提到两把胡琴。据记载，1956年，在首届戏曲观摩大会上，当初的乐器有唢呐、月琴、二胡、四大扇、梆子、手板、大小锣、大鼓等。一般只有"一鼓二锣三弦手，梆子、手钹共八口"就可开戏，在 20 世纪 30 年代已普遍存在。马紫晨在《河南梆子概述》中说："从前梆子戏的场面由七至十一人组成。"所列乐器有战鼓、越鼓、板鼓、手板、大锣、二锣、铙、钹、小铰子、梆子、二弦、皮嗡、月琴、三弦、横笛、唢呐、尖子号等。

以上记载表明，当时各戏曲班社所用乐器不太统一，文场基本上是月琴、二胡、三弦、皮嗡、唢呐这类，打击乐有鼓、锣、板、钹，其他乐器临时增减，乐手兼任。乐队人数一般是七至八人。过去说豫剧是"四生四旦四花脸，八个场面两箱倌"，证实了乐队的编制基本上是八个人，即文场三人、武场五人，属于探索和试验阶段。到了 20 世纪 30 年代，板胡进入豫剧乐队，并且逐渐成了豫剧乐队的主奏乐器。

到了 20 世纪五六十年代，豫剧乐队进入了改革探索发展阶段。在文场与武场中，除以往的常用乐器外，还增加了其他种类的乐器。在弹拨乐器中，除常规的扬琴、大小三弦外，中阮、大阮也有所使用；在弦乐中，还使用了小提琴与坠胡；管乐除了竹笛、唢呐之外，还对箫和小号有所尝试。不过，在剧团中，还是以常说的"大三件"——板胡、小三弦、二胡为主。

二是豫剧主奏乐器介绍。板胡，又称"飘"，如图 4-4 所示，拉弦乐器，豫剧的主要伴奏乐器。常由木料或椰子壳制作而成，声音极具穿透力，音色高昂明亮，表现力丰富，习惯为四度定弦。使用高音谱表低 8 度记谱。如 [谱例 4-8] 所示。

[谱例 4-8]

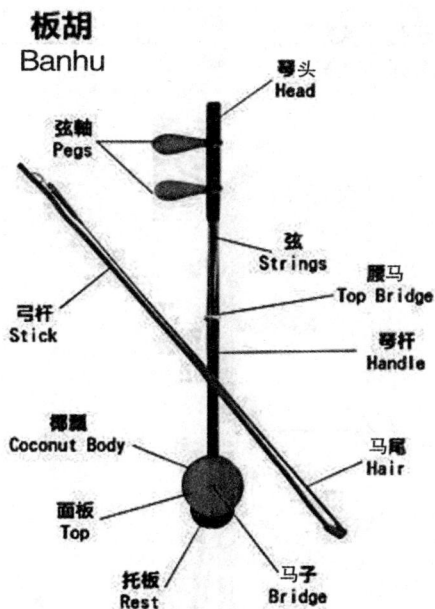

图 4-4 板胡图例

　　20 世纪 60 年代初，河南省著名板胡大师左清义在钻研了板胡结构之后对其进行了改造，琴筒的形状发生了改变，板面、弓杆、皮弦等都进行了相应的改善，完善后的板胡操控起来更加轻便灵活，音色也同样具有表现力，现如今，在豫剧乐团中大都使用新版板胡。

　　二胡，又名"胡琴""嗡子"，如图 4-5 所示，是豫剧乐团中重要的拉弦乐器，在中国传统民间乐器中知名度较大，广为人们所熟知。五度定弦，在豫剧乐队中常有两种定弦方法：
结构上可分琴筒、琴杆、轸子、琴弦、千斤等几个部分。

[谱例 4-9]

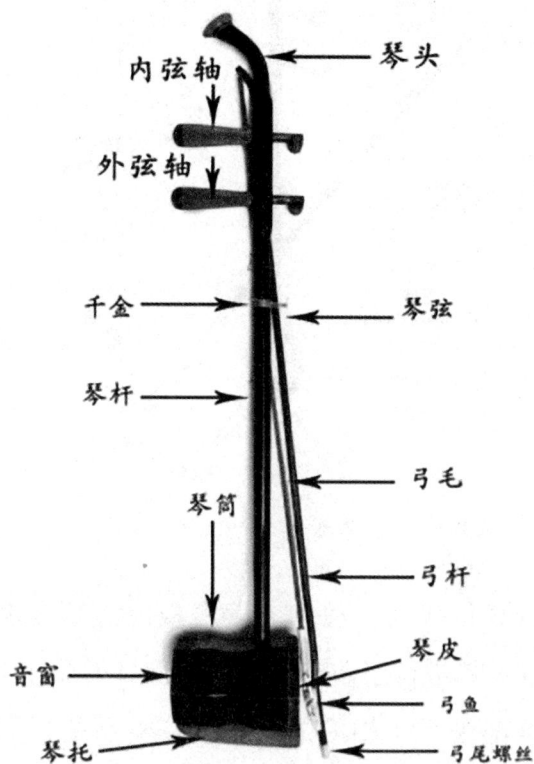

图 4-5 二胡图例

中华人民共和国成立之后，原河南省豫剧团琴师朱超伦，
首次开始二胡改革，在多次钻研尝试后，金属指帽被去除，死

把变为活把，操作更加便捷，音色更加明亮，旋律更加优美。

三弦，中国传统弹拨乐器，如图 4-6 所示，是豫剧乐队中的重要乐器，历史久远。根据三弦的长度不同，一般分为"大三弦"与"小三弦"。豫剧中关于三弦的定弦方法颇多，。

[谱例 4-10]

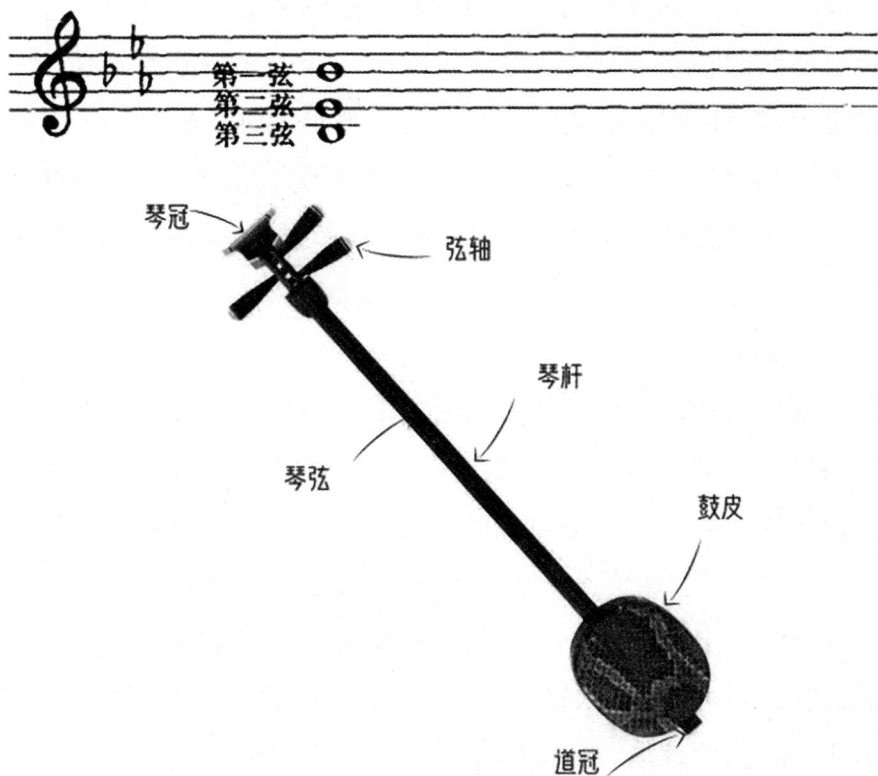

图 4-6 三弦图例

三弦音量大、音色独特，若处于多种乐器声中，则会因其个性太强而显得突出，难以融入。此外，其声常伴以轻微的金属杂音，以至于它在 20 世纪 60 年代后逐步被琵琶或古筝取代。

二、豫剧课程资源中的美术素材加工

作为一个历史悠久的剧种，豫剧不得不考虑其生存和发展。它受限于传统的艺术形态，无法与当今的生活完全吻合，于是，它不得不对此做出妥协，以生活源泉为基底，寻找构建和发展本体美学形态。河南豫剧自有其特色，得益于它长期而来在中原戏剧文化大背景下的成长与发展，它偏重写实和再现，将中原所特有的朴素与豪放、憨直与幽默风趣展现得淋漓尽致。豫剧美术作为课程资源的一部分，有必要单独进行研究。研究者认为，豫剧除了舞台美术以外，还有其他类资源。根据访谈梳理，研究者认为豫剧脸谱、豫剧行头、豫剧化妆是其中最重要的素材。

1. 豫剧脸谱

我国的戏曲脸谱源于唐宋时期的涂面化妆，以其夸张而鲜明的性格描绘而著称。它融合了面具艺术的长处，原本是作为戏曲表演中化妆以塑造角色的辅助工具。然而，戏曲脸谱不仅具有艺术美感，还蕴含深厚的传统文化，因此在民间广受欢迎，并在当代社会演变成一种具有独特意义的审美艺术。当前，脸谱已超越戏曲舞台的局限，其优雅的形象深入社会生活，不仅美化了我们的环境，还传播了中华戏曲文化的精髓，正逐步走向国际舞台。

"色彩斑斓的脸谱被当作中国戏曲的象征"，所以脸谱也就集中体现着戏曲艺术的共同特征和美学观念。当人们从戏剧、美术的角度去欣赏和分析戏曲脸谱艺术，还会窥探到深邃而又神秘的传统民族文化及宗教的、道德的观念。

脸谱要以夸张的色彩和线条来改变演员的本来面貌，一般用于净、丑角色的化妆称"花面"，与略施粉墨的生、旦化妆形成对比，生、旦化妆称"素面"或"洁面"。如，净俗称花脸。以图案化的脸谱化妆为突出标志，性格气质豪迈、粗壮，表象动作顿挫鲜明。

戏曲脸谱形成了独特的美学传统，其美学特征有寓意、形象、假借等。在长期实践中形成一整套审美体系。它的审美意识与中国传统文化有着密切的联系，植根于传统文化之中。戏曲在综合了各门类艺术成果的同时也受到各门艺术美学思想的影响，如"意象""意境""趣味"等是从绘画中引进的。由于古典美学强调美的社会性，因而更加接近人们的生活，具有广泛的群众性。

第一，脸谱色调。豫剧脸谱在色调上有褒贬之意，与河南人的审美情趣有直接关系，见表 4-5。

表 4-5 脸谱颜色分类表

Tab.4-5 Color classification of facial masks

颜色	指代	颜色	指代
红色	忠义 耿直	白色	阴鸷 奸诈
粉色	老臣 宿将	黄色	干练 猛烈
赭色	酒徒 兵勇	银色	精灵 鬼怪
紫色	热情 严谨	黑色	刚正 勇敢
灰色	少壮 偏执	绿色	草莽 好汉
蓝色	盗寇 妖邪	金色	仙佛 神圣

第二，脸谱构思。脸谱构思要依据剧本提示、角色个性和历史传说，还要符合观众的认知习惯，例如，如果曹操不是白脸，河南的观众很难接受，见表4-6。

表4-6　脸谱构思依据表

构思依据	举例说明
传说·特异	殷郊（下山后成三头六臂），马王爷（三只眼），司马师（有眼疾）
擅长·殊能	艾谦（善骑火焰驹），魁星（北斗七星），窦尔敦（善使双钩）
绰号·变形	高老鹳（鸟形），谢虎（一枝桃）
命运·个性	项羽（悲剧哀相），张飞（诙谐相），关羽（傲然圣气）
年高·德劭	黄盖（白额头），老程咬金（白额 眼纹），徐延昭（加红色）

第三，脸谱构图。脸谱构图不是随意性的，均有约定俗成的谱式，共性中包含着个性，个性中蕴藏着共性。

2. 豫剧行头

"行头"泛指戏曲中角色所着的服饰，涵盖了帽子、衣物以及靴鞋等。在河南出土的宋元时期的杂剧雕像砖、壁画和雕塑中，可见角色的装扮与其社会地位相符，如袍衫、裙衣、裤褂等，这些服饰是日常着装的美化版本。豫剧在清代中叶逐渐成型，其服饰艺术与明末清初流行的河南地方戏剧，例如罗卷戏、弋阳腔、徽汉二黄等，有着直接的渊源。

豫剧服饰的功能与作用是塑造人物性格、身份，美化人物行动，把人物的心理和情感活动艺术化，在戏曲表演艺术中有着举足轻重的作用，见表4-7。

表 4-7 豫剧行头分类表

行头分类	举例说明	图 片
戏衣类	蟒（剧种帝王将相在朝贺、宴会等严肃场合所穿）	
	靠（剧中武将的戎装，有男女之分，有改良靠）	
	帔（剧中帝王将相、贵族豪绅的便衣，有男女之分，男帔长之足，女帔长之膝）	

行头分类	举例说明	图 片
戏衣类	褶（剧中古代男女老幼、贫富贵贱各种人物的常服，道袍领，斜大襟）	
	衣（衣服种类很多，除了蟒、靠、帔、褶四大类外，其余的服装统称为"衣"）	
盔帽类	盔（硬壳帽子的称呼，多为武将所用）	

行头分类	举例说明	图 片
盔帽类	冠（主要有平天冠、九龙冠、紫金冠、如意冠、凤冠、大额子、五佛冠、大过桥、麻冠等）	
	巾（多为日常生活中所戴的便帽。如相巾、大尾巴巾、壮士巾、方巾、鸭尾巾等）	
	帽（帽类软硬兼有，如王帽、相貂、太监帽、纱帽等）	

行头分类	举例说明	图 片
靴鞋类	靴（有高方靴、朝方靴、虎头靴、快靴、猴靴等）	
	鞋（有彩鞋、旗鞋、靸鞋、打鞋、抹子等）	
	履（登云履、福字履等）	

3. 豫剧化妆

豫剧的面部化妆随着时代的发展也在逐步发展、变革。豫剧化妆主要包括面容、发式、头饰、髯口等。目的是塑造人物形象，与剧情需要相契合，使内涵的呈现、表达更准确，艺术的观赏性进一步提高。

一是面部化妆。戏曲彩妆的出现，有具体史料记载时可追溯到清朝末年，河南梆子戏多使用白、红、黑三种底色进行面部妆扮，粗线条较多，后进行妆扮变革，效仿京剧变革方法去除陋习。[①]"改革中的践行者便是有'豫剧皇后''梆子大王'之誉的陈素真,樊郁先生陪同她长驻燕都京华,学习'昆、乱'。"[②]陈素真问教名家，不辞辛劳，细心揣摩，不仅表演上获得大幅度提高，也使豫剧的化妆、扎扮有了里程碑式的改进。中华人民共和国成立后，高档的化妆品逐渐取代了土油彩。

二是发式梳挽。面部化妆以后，一项重要的工作就是"包头"。"包大头要吊眉、贴水鬓、上线尾子，再勒网子、水纂、水纱一一加上，然后是发泡，插首饰，即上头面。头面是戏曲旦角所用各种头饰的统称，一般包括银炮头面、水钻头面、点翠头面、绒花头面，还有各种串珠头面，各种单个散装首饰，各种卷花插鬓等。古装头还要戴假发头套，发泡、插花、梳辫，最后再修饰一下面部化妆，手、脖扑粉。"[③]"生、净、丑也要吊眉（光头例外），扎发鬏，甩发，上网子，贴水纱、系辫子等；光头有的要贴朝天小辫，童生还要贴孩儿发片，有的鬼怪角色要戴红、黄、白、蓝、绿等五颜六色的头套。"[④]

三是髯口。元明杂剧已经有绳系胡子的扮相。豫剧的生、净、丑经过化妆、装扮之后出场前要挂髯口，包括新编历史剧中贴胡子等，都与人物、化妆同步进行。髯口非常讲究，有特有的

---

① 马紫晨. 河南梆子概述 [M]. 武汉：湖北人民出版社 ,1955(3):3.

② 马紫晨 , 关朋 , 谭静波 . 豫剧图解艺术 [M]. 北京：清华大学出版社 ,2015(2):64.

③ 马紫晨 , 关朋 , 谭静波 . 豫剧图解艺术 [M]. 北京：清华大学出版社 ,2015(2):65.

④ 马紫晨 , 关朋 , 谭静波 . 豫剧图解艺术 [M]. 北京：清华大学出版社 ,2015(2):65.

主要形式，如满髯、稀三绺、开口笑、扎髯等。

三、豫剧课程资源中的文学素材加工

戏曲文学一直被认为是主导的、领先的并且是相对独立的力量。戏曲文学与其他文学形式不一样的地方是戏曲。戏曲文学本身也成了戏曲批评反思的对象。新时期的戏曲文学从开始就带有一种思想大于艺术、内容大于形式的印记。戏曲文学塑造人物是离不开行当思维框架的，戏曲文学的内容有时候文学性并不那么强，但其自身所独有的特色却不容小觑，如它表演集中且稳定丰富，这使得它虽然缺少文学参与，却仍能受到大众的喜爱且代代相传，加之它能将行当的表演完成，充分地保留和传承，故被称为表演艺术的"科母""辞典"等，有艺术和美学的含量。豫剧文学也一样按照戏曲文学的分类分为传统戏和现代戏。

传统戏有，《春秋配》《梵王宫》《三上轿》《黄鹤楼》《三拂袖》《涤耻血》《桃花庵》《对花枪》《天地配》《铡美案》《龙凤令》《玉虎坠》《十面埋伏》等。传统戏中热闹的生活场景，是社会发展中所特有的文化现象，是民俗生活中包容性极强且占主导地位的一项重要内容，把戏曲文学中的故事情节与戏曲音乐结合起来，学生的接受度毕竟会明显提高，因为它迎合了学生的口味。

现代戏有，《朝阳沟》《刘胡兰》《李双双》《人欢马叫》《小二黑结婚》《罗汉钱》《祥林嫂》《五姑娘》《红色娘子军》等。现代戏对老百姓身边故事的真实展现，体现了时代精神，其形式与内容都能令学生产生情感共鸣。现代戏注重表现人物的情感和心理，拓展了戏曲艺术的表现空间，另外，现代戏可以融入其他艺术元素，学生更感觉有亲近感，豫剧课程资源开发是为了学生的发展，豫剧课程资源开发的一个价值就是让学生能够全面成长，通过豫剧文学中的故事情节加上豫剧独有的声腔旋律，久而久之，学生会喜欢上河南豫剧，以地方文化而自豪。

四、豫剧课程资源中的历史素材加工

豫剧的历史发展轨迹是其文化不可或缺的一部分，深入学习豫剧的历史有助于学生更好地理解。尽管豫剧的起源和发展历程没有详尽的历史记录，但通过历代艺术家的口头传承和现存的文献资料，豫剧得以保存和流传。豫剧的确切起源时间尚不明确，学术界对此存在争议，可能起源于北宋，也可能起源于明朝。从我国戏曲发展的历史脉络来看，戏曲种类的形成大致可以分为三类：首先是综合性的艺术形式，结合了本地民歌、传统舞蹈、杂技和说唱等元素，从简单的歌唱逐步发展到具有情节和人物的复杂形式，最终形成了相对固定的戏曲模式。其次是外来艺术形式，可能由于历史、地理或社会变迁传播到其他地区，在与当地艺术融合后，形成了具有地方特色的新型表演艺术。第三种是本地传统音乐，特别是民间说唱，与其他戏曲唱腔艺术相结合，逐渐在本地区发展出新的戏曲形式。至于豫剧的起源，尽管目前无法确定具体时期，但根据相关资料，豫剧是在昆曲、弋阳腔等剧种之后逐渐发展起来的。据《扬州画舫录》和《明皇宫碑记》记载，豫剧在明末清初已经发展成为成熟的戏曲形式，并且繁荣了近三百年。[①]

豫剧起源有不同的观点，研究者比较赞成"本土说"的观点，戏曲理论家张履谦先生在 1934 年说，"河南梆子戏之源流，则是由于干梆子"，也即刘景亮先生所说的"河南梆子戏的原始主因素就是干梆子"。[②]干梆子类似于"独角戏，以一人执三木棍，一长两短，长者挟于腋间，短者执两手，相击成声，以短者作板，长者作过场"。[③]早在20世纪30年代，独角戏便流行于开封区域，这种腔体与汴梁腔的女儿腔相结合，再融入外来梆子的变化手法，于是就形成了开封的十邦戏，也就是河南梆子中的祥符调。"祥符调"流传于商丘一带的为"豫东调"，流入沙河流域的一支称为"沙河调"。随着"祥符调""豫东调""沙河调"的不断融合，形成了"三调"归一的"豫东调"。这一合流因三者同属于一个文化区即淮河流域文化区和黄淮亚区的豫东片而成。

从文化属性层面来看，"豫西调"有其鲜明的河洛文化特质。洛阳作为河洛文化的发源地，其文化特质具有突出的代表性和典型性。它是以洛阳盆地为中心的区域性文化，其范围大致包括黄河中游的潼关至郑州段的南岸、洛水、伊水、嵩山周边地

---

① 王基笑.豫剧唱腔音乐概论 [M].北京：人民音乐出版社,1993(7):2.

② 刘景亮.渊源与流变,载周鸿俊 李国经 傅纯磔,豫剧艺术总汇 [M].北京中国戏剧出版社,1993(12):8.

③ 张履谦.民众娱乐调查·相国寺梆子戏概况调查（1925 年编）[M].开封教育实验区出版 1936 年 8 月印,载韩德英 赵再生选编.理剧源流考论 [M],郑州：中国民族音乐集成河南省编辑办公室,1986(2):25.

区、颍水上游的登封等地，也涵盖了河南省西部的大部分区域。这一地区在历史上一直是中华文明的核心地带，孕育了从新石器时代的裴李岗文化、仰韶文化到夏商周三代的礼乐文化，再到东周时期的儒家文化等诸多重要文化形态。因此，"豫西调"作为豫剧的一个重要流派，其文化内涵与河洛文化的深厚底蕴紧密相连，体现了河洛地区独特的地域文化和历史传承。

豫剧的发展经历近300年的历史，把豫剧历史作为课程资源来进行挖掘，不是为了赶时髦，很显然，历史素材不仅仅是让学生铭记过去，其关键在于教导学生思想的形成。如何看待一个国家的历史发展脉络，如何看待社会的思想，豫剧为什么发展久经不衰，所有这些疑问都可在史料中找到答案。因此，我们应从历史素材中寻找属于民族的骄傲，这种骄傲来自对民族文化、本土知识的自信。

第四节　豫剧校本课程资源利用效率提升

建构主义学习理论的核心是以学生为中心，强调学生对知识的主动探索，在豫剧校本课程资源利用上，主动发现并对所学知识进行建构。

一、优化课程设计与实施以提高利用效率

《义务教育艺术课程标准（2022年版）》对戏曲教育提出了明确具体要求：在一至七年级，将戏曲的内容主要融入音乐课程之中；八至九年级，则增设戏剧（含戏曲）课程，要求

学生能对戏曲艺术作品进行初步欣赏和分析，具有初步表达观剧感受和见解的能力，并逐步形成向善、向美的价值观；了解中国戏曲艺术所具有的独特的审美特征，坚定文化自信积极参与戏曲活动，养成与同伴合作的意识和团队精神，能在脚本创编和剧目演出过程中，增进对他人及自我的理解，促进身心健康成长；通过创作、欣赏和应用活动，牢固树立社会主义核心价值观，传承和弘扬中华优秀传统文化、革命文化、社会主义先进文化。2015年国务院办公厅印发的《关于全面加强和改进学校美育工作的意见》指出，学校美育课程主要包括音乐、美术、舞蹈、戏剧、戏曲、影视等。义务教育阶段学校在开设音乐、美术课程的基础上，有条件的要增设舞蹈、戏剧、戏曲等地方课程。教育部颁发的《高中艺术课程标准（2017年版）》，明确规定其为高中学段的"必修课程"，而且是"综合性课程"（包含音乐、舞蹈、美术、设计、戏剧、影视与数字媒体等艺术门类）。在弘扬中华文化艺术优秀传统方面，要提升文化认知，增强中华民族的文化自觉和文化自信。

综上所述，不管是义务教育阶段还是高中教育阶段，都注重传统文化的教育，鼓励学生积极参与戏曲活动。戏曲教育是学校美育的重要内容，对于全面贯彻党的教育方针、落实立德树人根本任务、传承中华优秀传统文化、弘扬中华美育精神、坚定文化自信，具有独特而不可替代的价值与作用。

1. 豫剧课程教育目标的确定

为什么要学习豫剧？透过豫剧学习学生能获得什么？豫剧

课程对孩子们的未来生活能产生什么样的影响？豫剧的课程目标是课程本身要实现具体目标的意图，它规定了某一教育阶段学生通过课程学习以后，在发展品德、智力等方面期望实现的程度，它是课程的灵魂，是确定课程内容、教学目标和教学方法的基础。课程开发能否顺利进行取决于拟定的课程目标是否准确。

《义务教育艺术课程标准（2022年版）》总目标中提出"通过义务教育艺术课程标准的学习，达到感知、发现、体验和欣赏艺术美、自然美、生活美、社会美，提升审美感知能力等"。与绝大多数国家一样，加强中华优秀传统文化教育，符合社会发展方向。但遗憾的是，我们在拟定课程目标时往往考虑大的课程目标，疏忽了音乐课程应该实现的目标内容。研究者认为，豫剧课程要保证课程目标顺利实施，在课程目标设计时，应该考虑以下问题。第一，要围绕公民教育与人文素质培养目标，从音乐学科本身特点出发，结合学生发展的需要，明确具体的规定豫剧课程应实现的目标内容。第二，课程目标的设计要与最终目标的实现相结合，与学生的学习相结合。拟定课程目标不仅要关注社会需求，还要考虑学习的特点。第三，课程目标制定必须考虑实施问题，考虑使用有助于选择学习经验和指导教学的方式进行陈述，考虑其可操作性。

2. 豫剧课程内容的选择

从课程目标和课程价值观出发来选择课程内容，处理好学习者经验、学科知识和社会经验之间的关系。依据泰勒原理，课程内容的选择就是学习者经验的选择。但是要注意的是，课程内容不等于教材，不等同于学习活动、学习经验，而是根据课程目标从人类的经验体系中选择出来，并按照一定的逻辑序列组织编排而成的知识和经验体系。所以说，课程内容的选择是课程设计的核心，内容选择直接影响课程实施中教与学的活动方式。

音乐学科有独特性，而豫剧课程特性更加明显，多年的教学经验告诉我，学生之所以不喜欢豫剧，对豫剧不感兴趣，关键因素之一就是忽略了戏曲与社会之间的关系，致使学生感觉音乐是无用的学科。再者，教师在上戏曲课程的时候容易忽视学生的学习经验。泰勒认为学习经验应当是为学生提供实践该教育目标的机会，在实现目标的行为过程中获得满足感，如在培养学生解决问题的技能时，应当考虑如何使学生有充分的机会去解决问题，将相关理论运用至实际生活中。所以，豫剧课程内容选择要考虑学生的实际情况，给予学生实践的机会，这样，学生才能掌握豫剧的学习方法。在选择课程内容时，到底受到多少因素的限制？学科、社会因素、受教育者身心发展规律都在其范畴内，所以我们在选择豫剧课程内容时，既要考虑受教育者的发展水平及其发展规律，又要考虑受教育者身心发展的需要，内容的设计是否能激发学生的学习兴趣，是否有利于师生合作学习等。

从另一种角度来看，若想达到预期的教育效果，建议豫剧教学以尊重学生为基础，充分发挥其主观能动性。教学过程中不仅要调动学生的主动性和积极性，让他们充分参与活动，还要激发学生的创造性。长期以来，豫剧教学受功利主义影响颇深，使学生被"应试教育"捆住了手脚，长期处于被动的学习状态，无暇顾及豫剧等传统文化的价值所在，更谈不上兴趣可言。"知之者不如好之者，好之者不如乐之者"，"兴趣是最好的老师"。这是圣人贤哲为我们留下的最通俗、最宝贵的教育经验。那么，兴趣从哪里来？如何培养学习兴趣？采取"激趣"的办法主张用富有生活意义的案例呈现问题，豫剧知识方面的提问，要积极给学生提供发生的情境和分析问题的思路，把文本内容激活起来，激发学生的学习积极性，唤醒学生的主体意识。陶行知先生认为"教师的责任不在教，而在于教学生学"，老师应在讲解过程中改变"教师教、学生听"的传统模式，想办法调动学生思维积极性，让学生有所知、有所思、有所想。同时，解放学生的眼睛、头脑、嘴巴，让学生用眼睛来发现问题，用头脑来思考问题，给学生表达的自由等，真正做到尊重学生的主体地位。

3. 组织学习经验

课程组织也就是组织学生的学习经验，是指在一定教育价值观的指导下，妥善地组织各种课程要素，使其更有效地实现课程目标。在此过程中需要注意什么呢？首先是规划课程的全过程，具体包括：如何更有效的拟定课程标准的具体条文及有关课程组织与实施建议，其次是基于课程标准如何组织教学内容及教材编写等。课程内容的编排包含五种基本序列，即部分—整体序列、整体—部分序列、时间序列、主题序列、外部限制序列，可以任意两种进行整合。在初中和高中的音乐教材中，模块式的编写就充分说明了这一点，如戏剧模块等。所以，在模块制的编写中要考虑学生与教师的特点，一味地罗列知识点，说明课程组织有问题，因为要考虑其学科特点，还要考虑学生的学习兴趣和发展以及社会生活经验，依据这样标准组织课程，才能生成符合音乐学科特点、豫剧课程学科特点的课程。

面对豫剧课程组织，研究者认为要考察以下几点：一是豫剧课程组织设计应采用以学习者为中心的设计方式，兼顾学科特点；二是豫剧课程内容的呈现形式应该以专题式为原则，考虑其时序性；三是课程内容标准和有关教学建议，要翔实、有条理，具有可操作性。

4. 豫剧课程的评价设计

课程评价的概念目前还没有统一的定义，目前课程评价常见的概念界定有三类：一是是评定学生实现学业方面预期行为及目标的达成程度；二是比较分析学生的学业和事先制定衡量标准之间的差距；三是根据有关信息现状，进行分析和选择，以此判定课程决策方案是否合适等。依据价值取向，将课程目标划分为三大类，即目标、过程、主体。过程性评价是新课程改革所提倡的主要评价方式，音乐课程目前在大部分中小学校仍然属于非考试科目，测量学生雪域的预期目标应该把关注点放到过程性评价上来，衡量学生是否拥有真正豫剧及戏曲的理解力，是否能够用音乐的、艺术的思维来理解豫剧作品是目前比较理想的考核方式，音乐课程不建议期末考试的评价方式，艺术讲究实践，在实践中理解，在实践中获得真知比什么都重要。

二、强化课程资源的精细管理以提高利用效率

课程资源管理就是通过对教学资源的计划、组织、协调和评价，以实现既定教学目标的活动过程。资源管理方式如何更有利于师生对豫剧课程资源的开发和利用？信息技术的发展为教育领域带来了丰富的教育大数据，学习行为搜集充分体现信息的价值，通过实时评价学习者的学习行为，将学习的评价反馈过程融于学习过程，为师生提供及时的评价反馈，以激励、引导和调节的方式获得学习支持。研究者认为，课程资源管理要依托数字化信息平台。

首先，对豫剧课程资源管理进行系统设计。数字赋能，利用现代教育技术构建网络资源系统。在设计思想上，始终以学生全面而自由发展为基础，以提高教师教学业务效率为重点，本着方便师生使用为原则，进行数据库的设计，各模块按照功能不同进行规划。

其次，按照不同模块对资源管理系统进行优化。包括教师用户权限与登录信息管理与维护，如发布与查看通知、豫剧曲牌、豫剧声腔、豫剧流派、豫剧行当、豫剧文学、豫剧历史、豫剧美术、教师信息维护、教育进程管理、教材文档管理等。

数字化信息管理平台建设后，数据资源库可以不断吸纳豫剧校本课程资源，优质的资源不断丰富，在线学习系统已经从最初提供简单的课程内容浏览和播放，发展为能够提供上课、讨论、练习、实验全链条学习服务的平台。在线学习平台已成

为线下学习的重要补充形式，并成为学习行为分析和教学模式改革的最重要的数据来源。学习行为本身也已成为衡量在线学习平台的重要依据。与利用用户行为模型进行用户研究和商业应用相类似，基于在线学习平台的学习行为模型常被用于个性化教学和创新教学方式研究。新一代智慧教育平台与传统的在线教育平台在建设方法、学习行为分析研究方法等方面有显著区别。

第五节　豫剧校本课程资源应用效果评价

课程评价活动是一个有价值的活动，有什么样的价值指导，就有什么样的评价指向。因此，开发豫剧校本课程资源之前，必须系统地归纳豫剧校本课程资源开发及评价者的价值倾向。换句话说，豫剧校本课程资源开发与评价的价值倾向，须紧跟新课程改革的价值取向，与其提倡的核心素养精神保持一致，时刻保持有利于促进学生个性的且又全面发展的方向。

一、豫剧校本课程资源开发的评价

关于课程方案的评价，有研究者提出了各种各样的评价模式，我们不妨来借鉴这些模式对豫剧校本课程资源开发评价进行分析和讨论。鉴于不同的评价模式，研究者所秉持的价值取向不同，不管是系统逻辑取向的评价模式还是人文理解取向的评价模式，都属于不同的评价取向。本节研究者借鉴逻辑取向的评价模式——外貌评价模式。

（1）外貌评价模式的借鉴

1967 年，斯泰克（R.E.Stake）发表了《教育评价的外貌》（*The Countenance of Educationa Evaluation*），[①] 在这篇文章里，斯泰克一直坚持泰勒原理，充实和发展了以目标为评价依据的泰勒模型，但同时也批判了 20 世纪 60 年代占主流地位的目标模式的缺陷，由此建立了教育评价的外貌模式（Countenance Model）。外貌评价模式的建立对斯泰克进一步提出回应评价模式（Responsive Evaluation Model）奠定了基础。回应评价就是以所有与方案有利害关系或以切身利益者所关心的问题为中心的一种评价，该模式由于重视回应评价委托人的需要和价值观而常常被称为"以委托人为中心"的评价。

斯泰克肯定泰勒持有的教育评价必须确定目标达成的观念，同时也指出了泰勒原理评价模式所带来的种种局限，在此基础上，斯泰克建议在评价中关注信息搜集，即目标实现与否的信息、计划课程与实际课程之间损耗的信息、先在条件对课程实施所产生影响的信息。斯泰克由此而提出了"先在因素""实施因素"和"结果因素"三个因素的概念，并以这三个因素为支撑建立教育评价的外貌模式。[②]

一是先在因素（antecedents）。先在因素指教学的前提条

---

① 金家新，兰英.从外貌模式到回应模式：论斯泰克(R.E.Stake)的课程评价理论 [J].外国教育研究,2010,37(10):14-17.

② 金家新，兰英.从外貌模式到回应模式：论斯泰克(R.E.Stake)的课程评价理论 [J].外国教育研究,2010,37(10):14-17.

件，通常指的是教学之前业已存在的一定条件。豫剧课程资源开发的先前因素还包括教学之前学生的态度、已有知识经验、能力倾向、学习兴趣等，以及一般的教育目标和教育材料等。

二是实施因素（transactions）。实施因素是指教学之中学生与相关的人、事、物的关联。在课程资源开发过程中，研究者要考虑学生之间、师生之间的互动与交流，以及各种教学材料的提示、分析、筛选、创编等。

三是结果因素（outcomes）。结果因素是指教学所产生的全部影响。豫剧课程资源开发评价，包括学生从教学过程中获得的能力、成绩、态度和积极性。在课程资源使用过程中，考虑教学对于教师、管理人员、学生的影响的测定等。

斯泰克关于教育评价的外貌模式实质上是关于课程评价的一个组织框架。[①]这种评价模式是基于泰勒评价模式的原型发展起来的。外貌评价模式注重对"三个因素"的分析，使得课程评价的视野拓展到了影响教学结果的其他因素，也由此使得影响课程开发的先在因素纳入评价范围。另外，外貌评价模式采用描述矩阵和判断矩阵进行分析，在客观上也促进了人们对于课程计划中各部分价值更为清晰地进行判断。这是外貌模型相对于泰勒目标达成模式的优势所在。而豫剧校本课程资源开发的评价，也同样要注重描述和判断两个关键，在筛选与判断豫剧课程资源之前，首先须充分"描述""三个因素"的内涵，建构"逻辑矩阵"，作为评价的逻辑基础。

---

① 张华.课程教学论 [M].上海：上海教育出版社 ,2004:411.

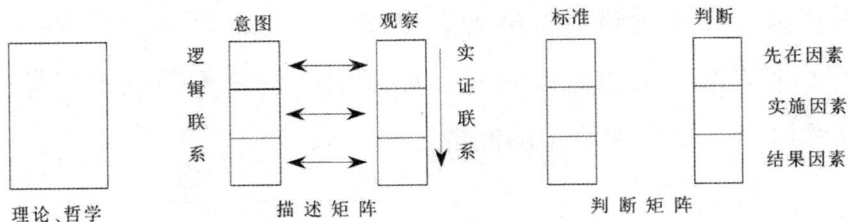

图 4-7 课程评价的外模模式图 ①

（2）豫剧校本课程资源开发的评价视角

在进行"描述"的同时，"判断"是完整的教育评价所不可或缺的。在斯泰克看来，评价人员不一定能够作为最终的判决者，但在评价过程中，他们是唯一有资格客观地搜集、处理其他人的意见并进行判断的人。对学生的发展状态进行评判，在豫剧校本课程资源开发中要关注两个问题：一是学生评价应是诊断性评价，通过评价发现学生发展中的障碍、困难以及学生的学习兴趣和个性化需要，目的是为豫剧校本课程资源开发指出方向和目标；二是同时注重过程性评价，因为校本课程资源开发的过程本身是一个动态生成的过程，是随着学生需要和教学情景的变化而不断变化的，对学生进行评价是为了不断改进校本课程资源开发活动，从而促进学生更好更快地成长，因而，要摒弃终结性评价而选择过程性评价、形成性评价，这些生成性的评价方式有利于及时反馈校本课程资源开发存在的问题；三是关于学生在使用豫剧课

---

① 金家新，兰英. 从外貌模式到回应模式：论斯泰克 (R.E.Stake) 的课程评价理论 [J]. 外国教育研究，2010,37(10):14-17.

程资源过程中的适应性问题，如果与学生兴趣吻合，说明开发出来的课程资源是成功的，如果学生置之不理或者兴趣不够浓厚，就要考虑修正的问题。

二、基于评价的豫剧校本课程资源的修正

开发豫剧校本课程资源的目的，是为了使学生经验要素的结构尽可能合理。譬如间接和直接以及这些经验之间的合适成分或比例。豫剧校本课程资源开发出来后，最直接的验证方法就是变化学习方式，让学生尝试多种学习形式，譬如探究式学习、接受式学习、体验式学习、逻辑式学习、自主学习、合作学习法等。通过不同的学习方式，以发现豫剧课程资源存在的不足和缺陷，在老师和学生的共同努力下进行修正。下面将介绍教师在开发豫剧校本课程资源过程中如何对课程资源进行及时的修正。

1. 开发利用豫剧课程资源中体现教师智慧

（1）教学设计中开发利用豫剧课程资源的教师智慧

在豫剧音乐教学中，学生的主动参与是学生高效学习音乐的主要特征，是学生自主探究、合作学习的主体性体现。学生在课堂教学活动中参与过程是主动参与基础上的认知参与，进而才能达到情感的参与。教师要有效利用地域性的豫剧课程资源来激发学生创造激情，通过启发诱导等方式，引导学生积极参与课程建设。上文所述的音乐课堂案例实录中，立足于学生所熟悉的具有地方特色的豫剧资源，教师把课堂设计成问题驱

动形式，让学生参与体验、讨论、评议，以豫剧音乐为本体，通过音乐的要素来体验豫剧音乐的魅力和特点。引导学生带着问题展开讨论，促使他们的参与达到情感共鸣的目的，这样的教学设计相较于单纯的认同和模仿，无疑更加科学有效。。

（2）启迪教师开发利用豫剧校本课程资源的智慧

教师利用音乐课堂的本质目的是让学生学会 "用音乐的耳朵"来聆听音乐，必须引导学生体验音乐课堂教学过程，从现实问题的音乐化到豫剧音乐的规律化，再到豫剧内容的现实化，让学生亲身获得音乐化的直接经验和体验，感受音乐思想和魅力，逐步提高学生的豫剧音乐素养。

因此，在音乐课程实施中，教师的职责在于采取灵活多样的教学形式来激发学生兴趣，挖掘学生潜能。所以在课程实施中要源于学生的生活现实、思维现实和背景现实，同时还要考虑到学生的身心发展现实，帮助学生通过音乐的语言来逐步梳理一种资源意识，注意生活的细节，身边处处是资源。河南的中小学音乐课要融入河南地方戏曲音乐要素，使学生的音乐学习与自己的文化背景建立起内在联系，这样不仅可以促进学生理解豫剧知识，还可以促进学生对豫剧知识的应用，实现高度的文化认同。

在上述案例中，教师根据中小学学生的特点，将课程现有的资源加以整合，设计出音乐教学活动形式，将国家课程与地方传统文化有机结合，调试课程内容，优化教学设计。通过复习导入、精讲互动、展示评议、小结检测把整个课堂激活，有体验、有互动、有合作、有探究等，使学生在一个戏曲氛围浓厚的环境中激发思维和想象。这种合作交流互助式设计的效果显而易见，也是新课程理念所提倡的教学方法。

2. 开发利用豫剧校本课程资源对音乐教师的特别要求

在课堂教学中，教师有目的地开发河南地方豫剧的相关内容，表现出教师优良的教育素养和课堂教学智慧，仔细琢磨，对音乐教师这样的要求其实是很高的。

一是教师必须具备善于识别豫剧课程资源的"火眼金睛"，对豫剧资源要有抽象化和概括能力。所以，要求教师必须有一双"音乐的眼睛"，善于搜集地方戏曲资源，并加以储存和分类整理，形成相对丰富的、蕴含大量音乐内涵的地域性戏曲资源。

二是教师对自己学生的家庭背景、生活经历、个人喜好等有相对深刻精准的把握。为此，教师最好要"读懂"学生，了解学生对音乐学科知识的动态把握。

三是教师要拥有科学的教学设计能力。善于有效利用豫剧课程资源，从学生的认知角度，聚焦学生会学和学会，从根本上实现学生"拥有学习动力、具备学习能力、掌握学习方法"，实现学生在学习上的可持续发展。为此，从"外在赋予"和"内在生成"两个方面真正给予教师有效利用豫剧课程资源的权利与能力。

四是教师要拥有捕捉课堂教学生成的本领。不断提升自己的课堂教学智慧和课堂教学水平是每位音乐教师的不懈追求，提高学生课堂参与度也是目前课堂教学改革的诉求，是学生学习民主性的体现。同时，课堂教学过程是一个不断变化的"动态"过程，在此过程中，教师是决策者，一些意想不到的动态生成有可能就是有效的教学资源。所以，在课堂教学实施中，教师要成为利用课程资源的"有心人"，并从自身的"学思结合"出发，指导学生"学思知行"有机结合，进而实现课程实施的优质高效，促进学生全面发展。

三、基于评价的豫剧校本课程新资源的生成

资源形成的过程是动态生成的，修正是为了完善。如前所述，开发课程资源过程本身会形成一个闭环，即通过自身的评价反馈，动态修订完善豫剧校本课程资源。课堂教学是在动态的过程完成的，它不仅仅按照预先教学设计，更是在教学过程中、师生互动中，通过师生的体验、师生互动过程中，通过学生自身理解而产生的新知识，这充分体现创生性和实践性的音乐课程性质。音乐课程不只是关注学习音乐知识、习得音乐技能方面的基础知识，还要在此基础上创造知识、获得创新发展。

首先要关注音乐课堂生成性资源。这些生成性资源包括课堂教学过程中，在师生以及生生之间碰撞产生新的观念、学术困惑、疑难问题等。不同个体因为各自不同的知识经验、爱好兴趣，必然会对相同的学习内容出现"见仁见智"的意见。知识是建构的，因此知识是在一定条件基础上才能放之四海皆准的，每个个体都是在探索世界过程中与外界不断地接触、碰撞而建构知识的，新课程的重要理念之一是"寻求学生主体对知识的建构"。从价值追求上来看，学生的价值观念要得到充分

尊重，因此，教师要时刻关注课堂生成性资源，为学生搭建平台和机会，同时也为教师提供开发生成性资源的机会。

其次要保护动态生成资源。我们开发出来的豫剧课程资源在教学过程中不是一成不变的，因为学生的经验、感受、见解、问题以及困惑都是难得的课程资源。对于已经存在的课程资源形式，我们是允许学生质疑的，更允许学生的质疑、问题顺利地进入课程。如果教师不能把这些动态的、质疑的资源进入课程，说明老师属于照本宣科型教师，这也不受是推崇的教学行为，似乎教师的工作纯粹属于一个技术活儿，教师专业发展的重心似乎就是教学技巧。所以，当学生在课堂上表达自己的见解和感受时，教师要学会尊重、倾听，同时还要分享学生的感受，善于从学生的质疑中获得启发，只有如此，学生才有可才能真正成为教学过程的参与者。

综上所述，把经过筛选、质疑、修正的动态课程资源，进行分类整合，扬长避短，突出优势，把它有机地转化为真正的校本课程资源，才是校本课程资源开发的初衷。

第六节　豫剧校本课程资源开发策略优化

社会建构主义认为知识是关联起来重新建构的。其实，这个过程也是课程资源优化的一个体现，只有经过不断优化，才能不断创设出更具鲜活性的、各种形式的课程资源，达到预期的教师水准。

一、政策赋能以提高教师开发课程资源的积极性

校本课程是国家课程体系中的重要补充，校本课程目标的确立是在音乐校本资源开发中首先要明确的准则，一方面，要与国家的教育目的、培养方针相衔接。另一方面，要发挥校本课程的补充作用，突出地区的区域特色、文化和风土人情，弥补传统课程较少涉及领域的不足。在一般情况下，国家课程与校本课程的目标是和谐一致的。

1. 制定保障机制，建设豫剧校本课程资源开发的激励制度

在豫剧校本课程资源开发过程中，转变教师角色，实现其成为课程资源开发真正主体，要制定相配套的制度，规范和保障豫剧校本课程资源的开发进程，赋予教师相应的开发豫剧校本课程资源的权利和义务，提升其参与校本课程资源开发的积极性。

首先，作为校本课程资源开发的主管教育行政部门，要制定相关的规章制度，有效推动教师能主动参与到校本课程资源开发队伍中，给予教师时间保障、经费保障、职称评审保障和精神支持。只有政策给予支持，教师才能放开手脚进行创造性活动。

其次，学校要建立校本课程资源开发机制。作为校本课程资源开发的领导者，校长有义务带动教师积极主动投身于校本资源课程的开发过程中，提升教师参与课程开发的深度和广度，让课程资源开发成为一种自觉行为。同时，学校要提供给教师足够的时间资源，避免增加教师的工作量，学校要做好统筹安排，既保障教师开发的校本课程资源不脱离教学实际，也不增加教师的工作压力。

2. 深化合作交互，促进课程资源开发教师间的协作

要加强整个学校内部的教师间合作，鼓励跨学科交流，开展跨学科教研活动，促进彼此间的交流与碰撞，模糊课程间学科界线，建立不同课程间的沟通协作，共同开发校本大课程资源。培养教师课程资源开发意识和课程整体意识，把一门课程纳入课程整体中去观察、去思考，渐进养成关注整体、共同参与整体课程项目设计和校本课程资源开发的先进意识。豫剧校本课程资源开发不是一个人就能轻松完成的，其本身就是一项集体的、协作的、创造性活动，更是一件合作共赢的事情，作为豫剧校本课程资源开发的关键核心，教师必须加强与学校、社区、家长等的密切合作。为了增强教师专业发展的有效性，促进教师专业成长的有效途径之一就是加强老师间的交流合作，在互动和对话中发展自己的专业技能。

戏曲教学是中小学音乐课程中的重要组成部分，在中小学融入戏曲教学，不仅能丰富课程教学内容，还能提高师生对戏曲教学的学习兴趣，并逐步具备基本的戏曲鉴赏和演唱能力。基于新课标背景的中小学戏曲教学基本要求，戏曲教学在中小学艺术课堂要有效实施，对于中小学音乐教师来说是一个严峻挑战，因为中小学音乐教师大部分毕业于专业音乐院校，没有经过戏曲学院专业的戏曲技能训练，虽说音乐是相同的，但是在声乐演唱方法和戏曲演唱方法上有质的区别。这个时候，首先考虑的就是合作教学，要尊重每位教师在知识结构、专业水平、思维方式、认知能力等方面的差异，发挥有戏曲功底教师的指导作用，对豫剧教学所教授的内容共同研讨，让不同思维在一起碰撞。教师之间相

互启发、相互补充，能引发创造性思维，在碰撞中形成新的课程资源，从而充分利用资源，提高教学质量。

二、依托课标以体现豫剧校本课程资源的本体性

我国《义务教育艺术课程标准（2022 年版）》提出："艺术课程包括音乐、美术、舞蹈、戏剧（含戏曲）、影视（含数字媒体艺术）5 个学科，以艺术实践为基础，以学习任务为抓手，有机整合学习内容，构建一体化的内容体系。一、二年级开设唱游·音乐、造型·美术；三至七年级开设音乐、美术，融入舞蹈、戏剧、影视；八、九年级开设艺术选项，包括音乐、美术、舞蹈、戏剧、影视，每名学生至少选择 2 项学习。"[①] 不难看出，义务教育艺术课程标准强调从小学三年级开始把戏剧（含戏曲）经作为课程资源内容，从小学三年级开始要接触戏剧、戏曲教学，具有运用多种艺术手段进行戏曲演出的基本能力，对戏曲作品能够初步欣赏和分析，积极参与戏曲活动等。通过欣赏、实践、创作等活动，帮助学生树立积极向上的核心价值观，弘扬祖国的革命文化、传承中华民族优秀的传统文化、光大社会主义先进文化。

《普通高中音乐课程标准（2017 年版，2020 年修订）》提出："中国民族音乐历史悠久，博大精深，中国各地区、各民族的民歌、器乐、歌舞音乐、戏曲、曲艺和民间舞蹈等传统

---

① 中华人民共和国教育部制定. 义务教育艺术课程标准（2022 年版）[M]. 北京：北京师范大学出版社, 2022: 14.

艺术形式，汇聚了中华文化的精华，是民族音乐文化的根脉，理当是音乐课程的重要内容，在高中音乐教学汇总应得到强化"[①]。特别强调了在当今世界多极化、全球化、信息化背景下的文化多样性，中小学生作为新时代接班人和建设者，理应通过学习其他国家民族的优秀音乐戏曲文化来开阔自己的艺术视野。中小学生通过戏曲学习来了解我国博大精深的民族文化，豫剧作为文化遗产已经深入人心，成为影响人民群众的主流思想，而戏曲教育又是弘扬中华优秀传统文化的重要方法。从高中音乐课程标准来看，将戏曲作为高中音乐鉴赏中的一部分内容，具有地方特色的戏曲文化是学生学习戏曲最好的氛围和环境，通过戏曲学习能提高学生的艺术鉴赏能力。而豫剧使用的河南方言，简单易懂，影响广泛，具备了普及和辐射其他省份的语言基础，形成了以河南为中心的豫剧"消费"环境，为学生培植了豫剧学习的土壤。

豫剧之所以历久不衰，一个重要的原因就是豫剧自诞生之日起一直活跃在舞台上，它是演员和观众共同创造的产物，它的特殊之处就是它的形象性，已经在广大人民群众中形成自己独特的戏曲形象。

1. 豫剧校本课程资源要适应当代年轻人审美需求

近年来，河南省不断涌现了新的豫剧作品，也不乏优秀作

---

① 中华人民共和国教育部定制.普通高中音乐课程标准（2017年版，2020年修订）[M].北京：人民教育出版社,2020:3.

品，但有个值得我们深思的问题：一部作品刚比赛获奖就封箱，老百姓看不到或者根本不看，原因是什么？其实戏曲导演们在长期的实践过程中已经发现问题，那就是真正要适应当代年轻人的审美取向，更要考虑豫剧本来的特性，不能因为为了追求创作而创作，忽视了豫剧的本体性。豫剧具有河南地方浓郁的民族特色和地域特征，豫剧的个性旋律已经深入河南人民的血液里，如何能迎合年轻人的口味，能受到年轻人的欢迎与热爱？那就要令豫剧课程资源开发和梳理符合时代的审美和个性追求。

　　为了使传统豫剧适应当代年轻人的审美需求，开发者应站在战略性的高度来思考，要深层次、带有理论研究性地寻找豫剧的传统美学与现代美学的契合点，不管是剧本创作还是营造舞台气氛都要多花心思。首先，在筛选豫剧课程资源时，敢于使用大胆创新的戏曲表演形式的作品。戏曲艺术是一种动态的再现艺术，它的艺术美来源于生活，是生活实践的能动反映，艺术家把生活真实的气氛转化为舞台的真实气氛，从而唤起剧本在舞台上产生和谐的情绪效果，让观众如临其境感受生活的状态、情景和氛围。其次，要筛选能够体现舞台事件与现代人生活习惯有机结合的作品。目前，快节奏的现代生活，自然而然地会引起人们情感方式和审美心理的变化，所以，在作品的故事情节结构的内在张力和冲突上，善于跳跃，给观众以回味和想象的余地。三是现代化、信息化元素的运用，能够增强艺术的感染力。戏曲的外部结构包括服装、道具、灯光、电子屏等，这些外部结构在智能化上有较大突破，外部元素的运用虽然都要严格服从于演员的舞台行动，但是它们能塑造虚实对比、空灵的戏剧环境，也能突出舞台空间的层次感，更能满足当代年轻人的审美需求。

2. 豫剧校本课程资源要突出河南方言的地方特性

豫剧如果脱离了河南方言，那就体现不出豫剧的特性。保持河南方言特色也是保持地方文化的一个重要因素，失去了河南方言特点也就失去了豫剧的底色。河南方言蕴含着河南广大民众的思想感情和生活习惯，甚至性格特征。然而，随着普通话的大力推广，反而一些年轻的老师和部分学生根本不习惯使用普通话，在实际的教学现场，豫剧课堂全程使用普通话，忽略了方言特有的韵母发音。虽然说为了让豫剧走出河南，适应观众审美趣味的变化而减少方言的地域障碍，但是保护好"方言"这个地方剧种的根，协调好传承与变异的关系，更有利于地方文化的传播。

有学者提到"任何一种戏曲，其起源都局限于一定区域，采用当地方言、当地民间歌舞而成"。豫剧的唱腔语言是在开封、郑州"中州语"的基础上融入当地方言形成的，通俗易懂，具有浓厚的河南乡土气息。另外，豫剧作品中具有河南方言特色词汇占比还是比较大的，地方戏的产生之初最显著特点就是方言而非声腔，方言的使用方法也是豫剧校本课程资源开发主要内容之一。河南的地方文化长期以来就像河南学生的基因一样融入每个人的头脑中。河南的地方文化对他们来说既自然又熟悉，温暖又充满感情。对他们来说，当地文化是他们生活的一部分。这就像从孩子那里学习语言。河南的孩子学习河南方言是很自然的，其他省份的孩子学习和接受当地方言也是很自然的。孩子们永远不会感到沉重，因为他们生活在这样的语言环境中，他们自然会受到这种语言的影响。语言是一样的，文化是一样的，这也是把豫剧作为中小学课程的重要原因之一。

3. 豫剧校本课程资源要体现河南豫剧的声腔特性

豫剧的声腔特性表现在唱腔体系、发生技巧、板式变化和地方特色上。首先，豫剧的声腔特性主要体现在其丰富的唱腔体系上。豫剧的唱腔主要分为"豫东调"和"豫西调"两大类。豫东调以开封为中心，唱腔高亢激昂，节奏明快，适合表现欢快、热烈的情绪；豫西调以洛阳为中心，唱腔低沉婉转，节奏舒缓，适合表现悲凉、深沉的情感。在课程资源中，可以通过音频、视频等形式，展示这两种不同风格的唱腔，让学生通过对比聆听，感受其独特的音乐表现力。其次，豫剧的声腔特性还体现在其独特的发声技巧上。豫剧的演唱讲究"字正腔圆"，要求演员在演唱时，咬字清晰，声音圆润。特别是在高音部分，豫剧演员常常使用"假声"技巧，使声音更加高亢嘹亮，富有穿透力。在课程资源中，可以通过示范教学和练习指导，帮助学生掌握这些发声技巧，提升他们的演唱水平。此外，豫剧的声腔特性还体现在其丰富的板式变化上。豫剧的板式主要有"慢板""二八板""流水板""快板"等，每种板式都有其独特的节奏和情感表达方式。在课程资源中，可以通过详细的讲解和示范，让学生了解不同板式的特点和应用场景，并通过实践练习，掌握其演唱技巧。最后，豫剧的声腔特性还体现在其浓郁的地方特色上。豫剧的唱腔和念白中，融入了大量的河南方言和地方音乐元素，使其具有鲜明的地域特色。在课程资源中，可以通过方言教学和地方音乐欣赏，让学生感受豫剧与河南文化的紧密联系，增强他们的文化认同感。

综上所知，豫剧课程资源的开发应当紧紧围绕豫剧的声腔特性，通过丰富的教学内容和多样的教学形式，帮助学生深入理解和掌握这一传统艺术的精髓。同时，还应当注重培养学生的实践能力和创新精神，使他们在学习豫剧的过程中，不仅能够传承和弘扬这一优秀的传统文化，还能够在此基础上进行创新和发展，为豫剧的繁荣和振兴贡献自己的力量。

研究者认为，一个剧种发展的时间越长，流派越多。分久必合，剧种会逐渐精减。其实，彼此之间主要是音乐色彩上的差异，也就是说豫东调和豫西调没有本质上的差异，都是宫中有徵、徵中有宫的。教师掌握豫剧声腔流派的理性划分，以及声训的科学研究与实践，对学生的综合艺术发展具有重要意义。

4. 豫剧校本课程资源要体现戏曲艺术的综合特性

戏曲是一种综合性艺术，有其鲜明的特点，戏曲的前辈们千百年来传承与发展，在人类社会生活实践的基础上，经过长期的艺术打磨，才凝练出戏曲写意性虚拟的特点的本体精华。戏曲的肢体的表现、逻辑的程式、优美的旋律，展现出戏曲独特的韵味。正是有别于其他国家和地区的舞台艺术，中国戏曲呈现出独到的本体优势，中国戏曲的表演体系多次让国外艺术家拍案叫绝。"综合性、程式化、虚拟性、直观性"是中国戏曲的精髓之处，是其区别于话剧艺术等其他舞台艺术的最根本要素，这也是中国戏曲诸多特点中最为显著的艺术亮点。

戏曲艺术具有综合性特点，它综合运用了文学、音乐、美术、舞蹈等多种艺术手段，同时，在其基础上又充分运用了各艺术门类本身的多种创作手段和方式。戏曲艺术的综合性和广泛性，使得戏曲艺术的创作汇集了各方面的艺术家共同参与，而艺术家都有自己的世界观、艺术风格、品格和思想方法，在戏曲艺术创作过程中都服从艺术创作的统一要求，从而使创作成为一个有机整体，这样才使戏曲综合艺术达到协调统一。在筛选豫剧作品时，开发者要考虑其教育目的和作用，戏曲艺术的综合性在团队学习中培养学生交流、沟通以及合作能力方面有着得天独厚的优势。

三、优势互补以彰显课程资源开发主体的多元性

多元主体开发下的豫剧校本课程资源，具有多元的思维建构，能填补单一豫剧校本课程资源开发不足，是弥补豫剧校本课程资源开发目前存在不足的有力措施，丰富的豫剧校本课程资源要求在开发主体上具有多元化，多元主体间形成优势互补，有效保证课程资源开发的有效性、科学性、实用性，使其具有前瞻性。

1. 教师是豫剧校本课程资源开发的主导者和设计者

教师是课程资源开发的设计者和策划者，同时也是组织者和管理者，是对课程资源进行鉴别、筛选、分析、利用的主要载体。学生、教师、教材是组织课堂教学资源的三角支撑，其中，

教师在课程资源中起主导作用。教师不仅负责建设和开发校内豫剧课程资源，包括课程资源、学生资源以及教师自身的资源，另外还须负责开发和建设校外资源，包括学生所生活的社区资源、家长资源。教师的专业学科知识能力、组织教学过程以及教师的教学态度、世界观、价值观是教师自身具备的课程资源。这些资源都是开发豫剧校本课程资源的宝贵来源。教师是豫剧校本课程资源开发的核心主体。优质的校本课程资源开发，需要提高教师本人的学科专业知识结构、教育教学的能力素质和教师对资源的开发意识等能力。

在课堂教学中要发挥教师的主导作用，教师就必须有修养水平，以及对课堂教学价值有着真实的生命感受和体悟，要视学生为自己教学生命中的重要组成部分，建立和谐的师生观。学生是新课程理念下比较活跃的课程资源，也是教学活动的主体。只能发挥学生的主体作用，教师在课程资源开发过程中才能充分发挥其主导者和设计者的角色，离开了学生的主动参与和建构，课程资源开发就会打折扣。而这个主体是在教师主导下存在的，落实学生主体的关键就是教育教学活动，豫剧校本课程资源开发也是教育教学活动的一种体现。

2. 学生是豫剧校本课程资源开发的参与者和直接受益者

学生直接参与开发豫剧校本课程资源，也是该课程资源的直接受益者。在豫剧校本课程资源开发主体群中，学生是豫剧校本课程资源开发的关键主体。他们的生活经验、学习兴趣、个性差异都是宝贵的课程资源，如学生的知识技能、学习兴趣、生活经验和不同的智力倾向等均构成豫剧校本课程资源开发的宝贵资源。在教师主导下，学生参与开发自身课程资源以及自身以外的豫剧校本课程资源。在新课程下，项目教学所倡导的协作、互助、合作、探究学习等极大地拓展了学生的认知，在思维的碰撞中生成创新智慧，生成难得的新型校本课程资源。学生参与豫剧校本课程资源的开发过程，也是自身学习和发展的最好过程、直接建构学生思维的过程。

在开放时代，学生有着丰富的生活经验、个性化的生活体验以及奇思妙想，这些都是开发优质豫剧校本课程资源的重要素材和途径。开发者在课程资源开发和利用时，要善于利用学生真实的生活经验，理解学生的不同思维，利用学生的不同生活经历来丰富和完善教学内容，让学生借助自身资源成为自我消费的主体，同时，学生还是课程资源开发的主体和学习的主人，他们已有的知识、经验和兴趣都可能成为优质的课程资源。

3. 学校是豫剧校本课程资源开发的规划者和指导者

"家校社"合作是提升学校品质的系统性工程，重点是要基于学习共同体的、不断完善的"家校社"协同开发思路。学校承担着课程资源开发的总体规划、技术指导、管理监督、经费保障等职责，在校本课程资源开发过程中，学校作为自然主体，也为校本课程实施提供主要场所，是由学生、教师和管理者构成的集体，是课程资源转化为课程活动必要路径。因此，学校作为豫剧校本课程资源开发的重要主体，担负豫剧校本课程资源开发的规划者和指导者角色。

为了顺利达成新课标要求，实现学校的培养目标，学校应具有规划和指导师生进行豫剧校本课程资源开发，具有推动课程资源开发的强大推动力。校本课程资源开发能有效落实国家教育大政方针，促进学生艺术核心素养发展的全面体现。学校须依据艺术课程标准的要求，一方面积极去鼓励开发校内自身课程资源，挖掘学校的文化及潜在文化与校内课程资源的联系；另一方面要与学生生活的社区、城市驻扎的部队以及与课程相关的工厂和农村文化等联系起来，建立校外的豫剧校本课程实践基地，广泛拓展开展豫剧校本课程资源的来源和实践范围，把拓展校外的豫剧校本课程资源作为丰富校内豫剧校本课程资源的源泉。具体来说，学校要根据国家的教育方针、课程管理政策和课程设置要求，在利用课程资源的同时，要着眼于学生的兴趣、需要和特长，做好课程资源的规划和指导。

4. 家长是豫剧校本课程资源开发的支持者和配合者

家长是豫剧校本课程资源开发的支持者和配合者。在丰富的课程资源中，家长是一个特殊的、蕴含着丰富课程资源的群体，可以说是一个资源宝库。家长作为课程资源的主要特点是"隐蔽性"，看起来家长资源很丰富，却是零散的，不成体系、不成系统的，在课程资源开发方面，既要考虑家长对课程的信任程度，又要依赖多数家长对于课程资源的热心开发程度。家长自身所具备的不同的专业知识、解决问题的智慧和多方面的爱好特长，无形中就是可贵的课程资源。例如，有的家长是豫剧票友，他们自身的戏曲素养也远远高于在校的音乐教师，经过充分挖掘和利用，家长、学生、学校都是乐意接受的。

在课程资源开发中，家长到底扮演哪种角色更贴切？研究者认为家长是最有力的支持者和配合者。学校作为课程资源开发的规划者，可以考虑怎样才能把丰富的家长资源开发出来。研究者认为，首先要做大量的基础性工作，根据教育教学目标，设计家长资源开发实施方案，对家长的资源类型、服务方向、环境要求进行前期分析，为建立系统的资源档案做好储备。然后，学校根据实施方案，定期对家长资源库进行评估，把热情高、有情怀、责任心强的家长列为第一方阵，置于优先位置，排在前列的家长在课程资源开发中自然而然地就成为课程资源开发的强有力支持者和配合者。同时，家长也可以利用社区、家庭、单位等人力物力资源，为豫剧校本课程资源开发提供便利。

5. 社区是豫剧校本课程资源开发的协作者和帮助者

学生生活的社区是豫剧校本课程资源开发的协作者和积极帮助者。好的教育首先是家庭教育，其次是学校教育，最终是在社会这个大平台上，让学生作为自然人逐步向社会人蜕变的转化过程。在此理念下，学校、家庭和社会的三方协同显得缺一不可。那么，如何开发社会资源，让这些社会资源补充和支撑学校育人成为"家校社"协同育人研究中的焦点课题。社区作为政府基层单位，有其庞大的网络关系，社区聚集的居民有着相同的人生不同的经历，他们拥有不同的社会经验、多彩的兴趣爱好。挖掘出这些丰富的、潜在的豫剧校本课程资源是必要的。这些人员在高校、艺术殿堂、学校图书馆、艺术中心、部队、政府机关、企事业单位等工作，都可以为豫剧校本课程资源开发提供积极帮助，学校也可以主动提出邀请，邀请其到学校为学生做讲座、讲学等，也可以将其聘为校外导师、名誉校长等，发挥其应有作用。

社区教育资源与社区教育互为依存的共同体。社区教育，立足社区，实践终身教育理念和学习型社会建设，致力于社区民众素质的提高。在社区教育课程中，有种特殊的现象，那就是教育主体和学习主体的交会，出现"双主体性"特点。由此，社区教育目标决定着社区教育的内容和形态，课程资源作为社区教育资源的核心部分，既是课程资源的具体成果，又是社区教育塑造和发展自身的基本要素。学校、教师要发挥其在课程资源开发中的作用，做好规划和指导服务，让社区真正成为豫剧校本课程资源开发的协作者和帮助者。

四、因地制宜以突出豫剧校本课程资源的本土性

习近平总书记在中国文联十一大、中国作协十大开幕式上的讲话中指出："博大精深的中华文明是中华民族独特的精神标识，是当代中国文艺的根基，也是文艺创新的宝藏。"广义理解的地方知识以其情境化特征而彰显了学习者通过校本课程来加深理解普遍性课程知识的工具性价值，地方知识的狭义理解及其存在价值证成则使得校本课程资源开发具有保存本土人民的智力财富与精神标识、彰显文化自信的内在目的性价值。

1.豫剧校本课程资源开发要突出整体性与本土性结合的原则

整体性原则来源于系统论，其原理在于整体是本原，部分从整体中分化并受整体的决定，整体决定部分又受部分的反作用，被部分不断地充盈丰富。[①] 在豫剧校本课程开发中的整体性原则主要体现在以下几个方面。

首先，豫剧校本课程资源开发在内容筛选、结构排列、具体编制等各部分之间的关系要呈现出河南戏曲音乐文化的整体样态。将豫剧音乐文化与家乡民间的文化、历史、风土人情相联结，与绘画、舞蹈、文学等艺术形式相融合。

其次，纵观我国历史，各民族呈现大杂居、小聚居、交错杂居的特点，民族间、地域间，经济、政治和文化上的交往密切。豫剧校本课程资源开发的地域性特征是必然存在的。河南地处黄河流域的中原地区，是我国文化发展的摇篮，因而说豫剧早期就已形成完整的、独具一格的戏曲形式是毋庸置疑的。

2.豫剧课程资源是不容忽视的"本土"课程资源

就豫剧而言，中原人士普遍对豫剧情有独钟，这无法单纯归因于豫剧的独特旋律，也并非中原人士拥有某种特殊的审美基因，在具体实践过程中，个体通过文化图式的代际传递、社会情境的交互建构以及生活世界的意义协商，实现豫剧审美认知的动态发展，最终使豫剧对河南人来说不仅是一种可供选听的地方戏

---

① 博雅杰 . 为民族音乐文化传承的校本教材开发研究—以锡伯族音乐为例 [D].
　东北师范大学 ,2017(11):202.

剧，而且同时构成自我身份认同的文化载体。基于此，豫剧校本课程建设对于河南地方民众来讲还具有内在的目的性价值。所以，在教育过程中要超越"教材中心"传统，融入独特的地域性课程资源，将其纳入学生的内在丰富经验和知识结构，通过辨别和筛选豫剧传统文化资源，让其成为学生在音乐学习过程用之不竭的资源源泉。对于河南学生来说，地方戏曲并不陌生，在建构知识、发展智力、养成德行、丰富情感等方面有其凸显的教育价值。帮助学生拓展其综合性知识，用科学的、综合的、优化的眼光审视周围的世界。总的来说，基于学生所熟悉的背景素材来开发豫剧课程资源，不仅立足于学生的经验世界，而且贴近学生的生活，有利于学生的知识水平与技能获得更多提升，有利于学生过程与方法的体验和态度与价值观的培养。

地方戏曲文化资源是最容易被忽视的课程资源。地方戏曲文化资源的有效开发和利用在国家课程校本化实施中注入了生命活力和传承戏曲文化的重要使命。作为基础教育阶段的音乐，教师不能忽略豫剧文化资源深层次的非物质性资源的认识和挖掘，如河南人民的思维方式和生活习惯等资源。另外，还要关注豫剧文化资源的生命载体，也就是说要注重学生的心灵体验和陶冶，关注学生地方文化的自豪感和文化自信心。另外，豫剧课程资源必须凸显音乐学科本质和学科特征，不能出现"去学科化"的现象，突出音乐学科属性的标志之一就是豫剧音乐的充分利用。因此，要引领学生立足现有经验和素材，进行学科思考，提升其学科思维水平和学科核心素养，进而在豫剧课程资源开发与利用中，体现音乐课程资源的学科特征。

第五章

结论与讨论

> > >

豫剧校本课程资源开发研究

理论研究是为了追求真理，是为实践指路。课程资源隶属于课程领域，虽然说课程资源只是课程实施过程中的一个"材料"，但它也是制约课程实施进程中一个重要因素。相对于国家课程来说，校本课程更倚重有鲜明地域特色的课程资源开发和利用。就开发主体和开发内容来说，教师、学生和学校作为课程资源开发的主要主体，对豫剧校本课程资源的开发不能仅仅停留在课程资源的内涵、分类等层面。就课程资源来说，开发的目的是利用，教学过程中利用的效果取决于教育活动主体以及学科的适切性。就豫剧课程资源利用的效果来说，都要从课堂教学的实际出发，重视豫剧校本课程资源开发的理论基础，建构科学的豫剧校本课程资源开发思路及维度模型，探索科学的开发路径，按"理念—模型—路径"的流程，确立课程资源开发利用的思路。

第一节　研究结论

本研究基于建构主义理论和教育生态学理论，结合定性研究和定量研究，提出了课程资源开发的主体回归理念，建构了豫剧校本课程资源开发的思路、豫剧校本课程资源开发的维度模型，探索了豫剧校本课程资源开发的实践路径。

一、提出课程资源开发的主体回归理念

本研究基于国内外学者关于主体性回归的研究成果，通过对中小学教育开展问卷调查分析，并结合对访谈对象的半结构式访谈的归纳总结，重点关注文化主体、教育活动主体以及课

程资源开发主体的回归问题。研究旨在帮助开发者明确进入新时代十年来，如何更好地传承和发展中华民族优秀传统文化，使其成为中国特色社会主义文化建设的重要组成部分。这一课题已获得全社会的广泛关注，既是新世纪以来以非遗理念保护传统文化工作的深化，也是中华人民共和国成立七十多年来文化发展规律的必然体现。基于此，本研究提出了主体回归的理念，以期为传统文化的传承与创新提供理论支持和实践指导。

1. 文化主体的回归

传统文化是我们中华优秀的民族文化软实力，是中国特色社会主义的文化明珠。豫剧是中华优秀传统文化的一个缩影，是源远流长的华夏文化的代表。本研究聚焦豫剧校本课程资源开发，一是把豫剧校本课程资源作为中小学生学习和收获的对象，通过教师、学生、学校、家庭和社区的"多元"开发主体参与豫剧校本课程资源开发，了解五千多年悠久而灿烂的中华文明，熟悉在现代化进程中如何保持民族文化的主体性和自觉性，弄清楚文化主体回归是文化传承创新的前提，力争中华优秀传统文化在国际上的"话语权"，坚持文化是民族的血脉立场，保持中华优秀传统文化的主体性，在文化主体性基础上提升开发者的价值观自信。二是坚持中小学音乐教育也要回归民族传统音乐，坚持中华传统文化必须"同当代中国文化相适应，同现代社会相协调"的实践路径，丰富豫剧校本课程资源，重组豫剧艺术课程，发挥豫剧作为非物质文化遗产的文化、教育价值以及豫剧艺术教育的优势，响应政府主导的"制度化保护""专业化保护"戏曲工作，激活类似于豫剧校本课程资源开发的、新的戏曲保护方式，守正创新，与时代共鸣，重拾文化自信。

2. 教育活动主体的回归

本研究聚焦把教师、学生作为教育活动的主体，围绕如何落实教师、学生活动主体回归的这一核心问题进行研究。一是厘清教育活动主体这一概念，首先，教育是促进学生个体的发展，而不是自身作为工具的发展，教育活动是人的实践活动，教育过程是教师和学生的双边活动过程。因此，在教育活动中存在着"双主体"：在教师的"教"中，教师是主体，学生是客体，知识是媒体；在学生的"学"中，学生是主体，知识是客体，教师是媒体。二是界定好两者之间的"分工"，教师有计划地对受教育者进行有目的的教育，教师通过主导，影响引起和促进受教育者身心发展的教育活动；在受教育过程中学生主动建构知识，而不是被动地接受教师的指导，老师在整个活动过程中扮演组织者和导演者的身份，学生与教师之间的关系是新时代的受教育者与教育者的新型关系，两者都是具有主体意识的人，两者都是主体，同时又是相互认知的客体。三是通过教师和学生在教育活动中的地位和作用进行豫剧校本课程资源开发的具体实践，以此来寻找和适应自己的主体位置，成为独立自主的、有热情、有个性、有尊严、有责任心的人，充分发挥各自在豫剧课程资源开发中的主体作用。

3.课程资源开发主体的回归

本研究把课程资源开发主体定位为"多元的"主体集群，教师、学生、家长、学校和社区都是课程资源开发的主体。研究者依据"家校社"协同开发思路和三维模型，通过教师、学生、家长、学校和社区共同构成的课程资源开发主体群，达到激活开发主体的资源意识和提高其开发能力的目的。

一是教师主导和设计豫剧校本课程资源开发，在此过程中，教师不仅要开发校内资源、校外资源，还要开发社区资源、家长和学生资源以及学生自身的资源。教师具备的学科专业知识、组织课堂教学的能力以及教师的态度和教学价值观都是影响豫剧校本课程资源开发的重要影响因素。在豫剧校本课程资源开发过程中，教师是其中的核心主体，教师的学科知识结构、开发课程资源意识和能力素质等对豫剧校本课程资源开发等高相关。

二是学生是豫剧校本课程资源开发的关键主体。学生作为主要的参与者和直接的受益者参与到课程资源开发过程中。学生的已有的知识经验、学习兴趣和个性差异都是课程资源的直接影响因素，学生的知识技能、学习兴趣、生活经验以及智力倾向等构成了课程资源开发的重要组成部分。另外，参与开发豫剧校本课程资源的过程，也是学生学习和发展的过程。学生在合作学习、同伴互助学习、探究学习中进行思想碰撞，此过程不但能拓宽学生的思维，也会影响学生的学习，这些都是难得的课程资源。

三是家长是豫剧校本课程资源开发的支持者和配合者，在课程资源开发方面，既要考虑家长对课程的信任程度，同样依靠家长对豫剧校本课程资源的开发能力。多数家长热心参与教育活动，这些家长所具备的专业知识、能力智慧、专业特长，无形中就是可贵的课程资源，例如，有的家长是豫剧票友，他们自身的戏曲素养远远高于在校的音乐教师，家长可以利用自己生活的社区、自己的家庭或工作等有形资源，提供豫剧校本课程资源开发的便利条件。

四是学校作为豫剧校本课程资源开发的规划者与引导者，肩负着课程资源整体规划、技术指导、管理监督和资金支持等重要任务，自然成为课程资源开发的核心力量。开发豫剧校本课程资源不仅是学校执行国家特色学校发展政策的体现，也是推动学生全面发展的具体行动。学校将校园文化与潜在文化相结合，利用教师和学生资源，开发校内资源。同时，学校积极寻求校外课程资源，创建校外课程实践基地，如家庭社区、科研工厂、农村基地等，以扩大校本课程实践的范围，确保校外课程资源成为校本课程资源的持续动力。

五是社区是豫剧校本课程资源开发的重要协作者和支持者。社区拥有广泛的社会网络和丰富的资源。社区居民来自各行各业，他们多样的社会经历、兴趣爱好和知识经验为校本课程资源的开发提供了丰富的素材和可能性。学校可以主动与社区合作，邀请社区居民到校开展讲座、讲学等活动，甚至可以聘请他们担任校外导师或名誉校长等角色，充分发挥他们的专业特长和社会影响力。通过这种协作，社区资源得以有效整合，为豫剧校本课程的开发注入更多活力，同时也为学生提供了更广阔的学习平台和实践机会。

如何让社会资源成为学校育人的重要补充和有力支撑？教师、学生、学校、家长、学生所在的社区共同参与就显得极为关键，这也是"家校社"共同参与教育研究中的重要课题。

二、建构豫剧校本课程资源"家校社"协同开发思路

本研究基于建构主义理论和教育生态学理论，建构豫剧校本课程资源"家校社"协同开发思路。研究者围绕"家校社"协同开发思路在育人方面如何作为；如何丰富学校的校本课程，提高学生社会实践能力；如何有效地整合多方资源，拓展学生多维成长空间；采用什么样的实施策略才能达到"家校社"协同育人的目的？等核心问题进行研究，以期达到"家校社"协同的各个领域、各种问题上都有广阔的新空间，达到建构豫剧校本课程资源"家校社"协同开发思路之目的。

1."家校社"协同开发思路在育人方面如何作为

教育通过家庭、学校、社会三方搭建共同的学习成长平台。学生作为自然人经历经验，完成向社会人的转变成长。力求通过学校、家庭和社会三者的密切配合，协同育人是其中最为关键的因素。三者致力于实现立德树人的共同目标，培养出面向未来社会的、五育并举的、全面发展的接班人和社会建设者；在教育过程中都应遵循学习者的身心发展规律，这是三方协同育人应达成的共识，通过环境创设、氛围营造，渗透性地培养学习者的品德与价值观形成以及核心素养能力的达成。在学校、家庭、社会三

方共同育人的理念中，学校教育、家庭教育、社会教育共同构成了以学校为主的育人之"一体两翼"。由学校教育牵动家庭教育、社会教育的发展；通过家庭教育的指导加强，促进达成学校、社会和家庭的共育机制的构建最优化。

2. 如何丰富学校的课程，提高学生社会实践能力

进行"家校社"共育的一个重要目标就是提高学生的社会行动能力。在社会主流意识形态下，学生为追求终生的幸福和社会的和谐，积极参与社会公共事业，培育自己对公共事务的影响能力，其中，包括学生在此过程中所获得的自我实现、自我满足的幸福感能力。学校教育应注重培养学生对自我、对他人和对社会公共事务的影响效能，在探求规律，以有效提升学生解决现实能力的基础上，在豫剧校本课程资源开发上，须着力于拓展其外延和挖掘其内涵，包括其实施的最优化策略与实现途径、课堂组织过程与教学方法，避免走过去重知识而轻实践的功利模式，转向建立丰富完善的课程体系和多彩的校园活动。在学生人生的"拔节孕穗期"，铸魂润德，帮助学生正确理解升学与生涯、个人与国家的关系，立足个人，放眼社会，努力培养担当民族复兴大任的时代新人。

3. 如何有效地整合多方资源，拓展学生多维成长空间

致力于让社会资源成为协同育人模式中的重要支撑和力量来源，是"家校社"协同育人思路研究中的关键部分。本研究以"家校社"协同开发思路为指导，通过贯通中小学教育的有效链接，

健全中小学校与社会博物馆、图书馆等的合作，促进外部资源融入教育教学组织体系中，研究开发艺术类、自然类、历史类、科技类等系列课程资源，发挥"家校社"协同作用，协调、利用多方课程资源，彰显家庭、学校、社区各自功能，以丰富学生知识，拓宽学生视野和多维学生成长空间，提高育人效率。

三、设计豫剧校本课程资源开发的维度模型

在建构主义理论的基础上，把建构主义的课程观迁移到豫剧课程资源开发上来，通过了解知识不是客观的东西，而是主体的经验、解释和假设，明确不能"直接、被动"地转移知识，更不能基于个人的知识和经验、教科书及教学参考书引出知识，移植给学生，而是主动地建构生成。依据豫剧校本课程资源开发的内涵、本质，吸收国内外中小学基础教育中的艺术课程目标改革的优秀成果，结合河南省本土文化背景，尝试性的构建了认知能力、开发能力、应用能力的课程资源开发的"三维"模型，如图5-1所示。

1. 建构了认知能力维度模型

本研究认为，认知能力是豫剧校本课程资源开发的前提条件，它由观察、理解、分析、选择四个核心要素组成。课程资源开发要有敏锐的观察能力、深刻的理解能力、严谨的分析能力、自主的选择能力。周围不同形式的课程资源是否能被开发主体发掘，要看开发者的深刻理解力。经过周密的分析后，应选择师生所需求的课程资源。

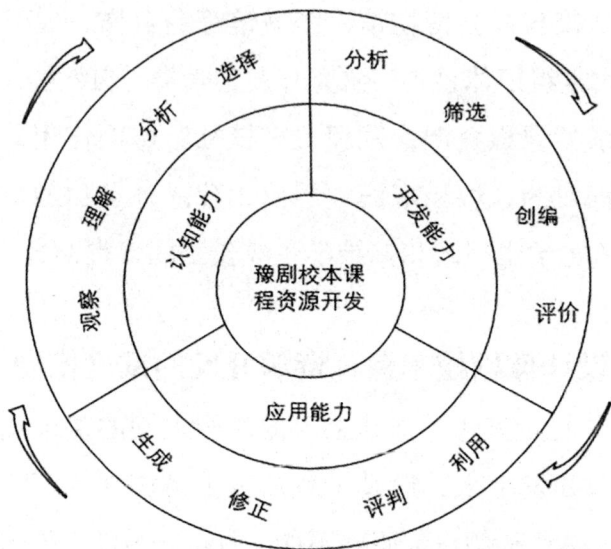

图 5-1　豫剧校本课程资源开发维度模型图

2. 建构了开发能力维度模型

建构促进主体开发能力是开发豫剧校本课程资源的前提和基础，技术层面如果达不到基本要求，何谈课程资源开发？开发能力由分析、筛选、创编、评价四个核心要素组成。除了要有严谨的分析能力外，还要掌握筛选豫剧校本课程资源的基本方法和原则，开发主体筛选的豫剧课程资源后，还需要经过改编和再加工形成课程资源。课程资源是否符合师生需求和教学需要，还要经过评价后方能成为校本课程资源。

3. 建构了应用能力维度模型

本研究认为，课程资源的应用能力是课程资源开发的抓手，它由利用、评判、修正、生成四个核心要素组成。利用是一种能力，如果课程资源开发出来后得不到合理利用，就失去了课程资源开发的意义，利用的过程中，中小学教师要有评判意识，例如，哪些资源合适，哪些资源不合适；哪些资源经过修正后可以继续使用，同时，在课程资源利用过程也有可能生成新的资源，如不同的价值观念、差异的戏曲表现、良好的人际关系都可能是一种新的课程资源生成。让学生以"对话"方式获得自主发展，在"对话"中实现生成与重构，由"对话"达到"视域融合"。

四、探索豫剧校本课程资源开发的路径

开发路径是理论通向实践的桥梁，是将理论付诸实践的策略行动方案。基于中小学音乐学科视角以及学生对豫剧学习的现实需要，本书以"家校社"协同开发思路为宏观指导，以课程资源开发的维度模型为实践依据，遵循豫剧校本课程资源开发的逻辑顺序和职责分工，借助工具支持，通过开发主体群的共同合作，建构了以目的、分析、建设、利用、评价等开发因素的开发路径，达到豫剧校本课程资源开发质量的不断提升。基于此，本书设计了豫剧校本课程资源开发的具体路径，如图5-2所示。

在课程资源开发路径设计中，一是要考虑课程资源的开发目的，建构主义学习理论主张开发主体通过自我修养、自我约束来建构课程资源开发路径，开发主体要经过分析、建设、利用、评价等系列环节达到开发目的，开发目的要体现义务教育课程标准所倡导的理念，要考虑其是否有利于学生健康发展，要兼顾学生的系统知识学习和直接经验的获得，还要兼顾学生、教

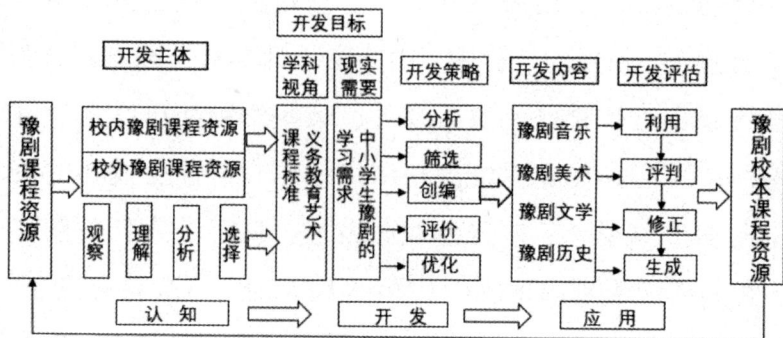

图 5-2　豫剧校本课程资源开发的实践路径图

师和学校的共同发展。二是在资源分析环节中，开发主体要以学生为中心，将学生周围的课程资源逐渐转化为学生需求的课程资源，经过研究者大量的普查、筛选和分析，将有益的课程资源引入课程设计中。三是在建设环节中，建构主义知识观认为"知识不是传播的它是建构的"，建构及加工方式包括遴选、组合、改造、创造，而创造是以各种原初课程资源为素材进行分解、聚合、重组等，形成新的课程资源，本书采用创造的方式把豫剧原初的课程资源进行分解和重组，把豫剧课程资源的校内校外资源进行再加工，具体分为豫剧音乐课程资源、豫剧美术课程资源、豫剧文学课程资源和豫剧历史课程资源。四是在课程资源利用环节中，仍然要遵循以学生为中心，要考虑课程资源的利用是否能达成课程目标要求，是否能促进学生学习的积极性，对促进学生积极主动学习方面是否具有重要意义，在课程设计与实施上要考虑其豫剧课程教育目标的确定、豫剧课程内容的选择、组织学习经验和豫剧课程的评价设计。在课程资源管理上，我们对豫剧课程资源管理进行系统设计，利用现代教育技术构建网络资源系统。同时，按照不同模块对资源管理系统进行优化，能够提供上课、讨论、练习、实验全链条学习服务的平台。五是在课程资源评价环节中，评价者要遵循价值规律，有必要系统归纳校本课程资源开发评价所持有的价值观。由此，课程资源开发豫剧校本课程资源利用后所产生的效果到底如何？那就要通过评价反馈掌握影响学生发展的因素，以及学生的个性化需要和学习兴趣，目的是为豫剧校本课程资源开发指出方向和目标，不仅仅关注了学生知识和技能的习得，更重要的是师生在教学过程中创造知识、获得发展。

第二节 研究讨论

本书基于建构主义理论和教育生态学理论，以河南省中小学音乐名师为调研对象，以豫剧课程资源为研究对象，聚焦豫剧校本课程资源开发研究。本书希望达到的以下六个研究目标：明晰豫剧校本课程资源开发的价值、明确主体回归的基本理念、摸清河南省中小学豫剧课程资源开发现状、厘清豫剧校本课程资源开发思路、构建豫剧课程资源开发思路和维度模型、探索豫剧校本课程资源开发的实践路径。为了完成此目标，笔者深入了解建构主义理论和教育生态学理论，设计了调查问卷和访谈问题，依托河南省中小学音乐名师和省市教研室，对一千多名中小学音乐教师进行问卷调查，以求从中小学音乐教师口中了解豫剧校本课程资源开发状况。通过"名师"访谈调研、实地听课等措施来进一步了解在中小学豫剧教学及豫剧课程资源开发思路、模型、路径。本书尝试性地构建了豫剧校本课程资源开发思路和豫剧校本课程资源开发的维度模型，探索了豫剧校本课程资源开发的实践路径。为了进一步阐释豫剧校本课程资源开发思路、模型、路径，笔者对主体回归的理念，维度模型的影响因素和实践路径进行了阐述，提出了主体回归的三个理念，对豫剧校本课程资源开发思路进行了说明，对豫剧课程资源开发路径进行了梳理，以求探清豫剧校本课程资源开发思路、模型、路径之间的逻辑关系，最后对如何让校本课程资源开发更具活力，提出了课程资源开发建议。

一、研究不足

回顾整个研究过程，由于个人能力和理论基础的不足，以及研究时间及现实条件的局限，本书存在以下三点不足之处。

一是研究对象的局限性。本书聚焦河南豫剧课程资源，豫剧被称为地方"第一大剧种"，在全国也有比较大的影响力，2006年豫剧被列入第一批国家级非物质文化遗产的名录。豫剧艺术兼纳古今、宽厚豁达、刚柔并济、体现中国独有的"中和"之美，但是它毕竟带有浓厚的"地方文化"色彩，豫剧课程资源开发思路、模型、路径是不是也适合其他戏曲课程资源开发，还有待进一步探究。

二是调查问卷的适切性。本书问卷调查所采用的问卷，参考了部分学者课程资源开发的设计理念，但是问卷内容的设计与目的的符合度没有得到足够的验证。从整体上看，一份调查问卷内容不宜过多，问卷中列出的问题要有精准度。在问卷发放之前，要多参考一线音乐教师的具体意见，因为受时间限制再加上经验不足，参考一线教师建议并不多，在一定程度上会影响豫剧校本课程资源开发和豫剧教学开展现状的全面获取。

三是开发标准的模糊性。本书在了解豫剧校本课程资源开发和豫剧教学现状的基础上，虽然建构了豫剧校本课程资源开发的思路、模型和路径，但是从现实教学中教师和学生的需求来看，如果能够在此基础上构建课程资源开发的标准体系，以便其他学科借鉴、使用，显得就比较完美了。由于笔者阅历、能力、精力有限，还是有点力不从心。

二、研究展望

随着国家对义务教育优质均衡和教育多样化特色化的要求，国家对课程资源开发提出了树立大教育观的理念。把教育看作所有公民的社会责任，教师、学生、家长和社区都应该把社区乃至整个社会作为学生学习和成长环境一个不可缺少的部分来看待，同时，学校应有效利用校外资源，做好课程资源的储备和管理工作。为此，在以后的研究中，将重点关注以下问题：一是扩大研究对象的范围，不仅仅局限于地方戏曲，放眼全国，树立戏曲课程资源开发观，二是扩大调查问卷和访谈样本，利用大数据全面了解豫剧教学和豫剧课程资源开发现状；三是构建课程资源开发的标准体系，为课程资源开发提供借鉴和方向。

参考文献

中文文献

一、著作类

[1] 陈向明.教师如何作质的研究 [M]. 北京：教育科学出版社.
2001:264 — 265.

[2] 范立方.豫剧音乐通论 [M]. 北京：中国戏剧出版社,2000(12):95.

[3] 马云鹏,孔凡哲. 教育研究方法 [M]. 长春：东北师范大学出版社,2006(1):06.

[4] 张华.课程教学论 [M]. 上海：上海教育出版社,2004:411.

[5] 钟启泉,崔允漷.新课程的理念与创新 [M]. 北京：高等教育出版社,2003.10.

[6] [加] 迈克尔·康纳利·琼.克兰迪宁.教师成为课程研究者：经验叙事 [M].刘良华,邝红军等译,杭州：浙江教育出版社,2004.160.

[7] 陈向明.教师如何作质的研究 [M]. 北京：教育科学出版社,2001:260.

[8] 辞海编辑委员会.辞海(中)[M].上海:上海辞书出版社,1979:3289.

[9] 崔允漷.校本课程开发理论与实践[M].北京:教育科学出版社,2000:48.

[10] 段兆兵等.课程资源开发与利用:原理与策略[M].芜湖:安徽师范大学出版社,2011(3):195.

[11] 范国睿.教育生态学[M].北京:人民教育出版社,2000:107.

[12] 范立方.豫剧音乐通论[M].北京:中国戏曲出版社,2000(12):579.

[13] 傅建明.校本课程开发中的教师与校长[M].广州:广东教育出版社.2003:53.

[14] 郭湛.主体性哲学[M].北京:中国人民大学出版社,2011:29.

[15] 湖南等省辞源修订组.辞源(修订本)[M].北京:商务印书馆,1980:2960.

[16] 江山野.简明国际教育百科全书·课程[M].北京:教育科学出版社,1991:112.

[17] 刘景亮.渊源与流变.载周鸿俊,李国经,傅纯鑅.豫剧艺术总汇[M].北京:中国戏剧出版社,1993(12):8.

[18] 刘旭东,张宁娟,马力.校本课程与课程资源开发[M].北京:中国人事出版社,2002(4):137.

[19] 马云鹏.课程实施探索:小学数学课程实施的个案研究[M].长春:东北师范大学出版社,2001:34.

[20] 马云鹏,孔凡哲.教育研究方法[M].长春:东北师范大学出版社,2006(1):06.

[21] 马紫晨,关朋,谭静波.豫剧图解艺术[M].北京:清华大学出版社.2015(2):197.

[22] 马紫晨. 河南梆子概述 [M]. 武汉 : 湖北人民出版社 ,1955(3):3.

[23] 马紫晨. 豫剧 (上)[M]. 郑州 : 河南文艺出版社 ,2001(11): 1.

[24] 施良方. 课程理论 : 课程的基础、原理与问题 [M]. 北京 : 教育科学出版社 .1996:205.

[25] 王基笑. 豫剧唱腔音乐概论 [M]. 北京 : 人民音乐出版社 ,1993(7):2.

[26] 吴刚平. 课程资源论 [M]. 北京 : 北京师范大学出版社 ,2014:31.

[27] 张嘉育. 学校本位课程发展 [M]. 台北 : 台湾师大书苑有限公司 ,1999:113.

[28] 张履谦. 民众娱乐调查·相国寺梆子戏概况调查 (1925 年编)[M]. 开封教育实验区出版 1936 年 8 月印. 载韩德英 , 赵再生选编. 理剧源流考论 [M]. 郑州 : 中国民族音乐集成河南省编辑办公室 .1986(2):25.

[29] 中国大百科全书出版社编辑部. 中国大百科全书 (教育)[M]. 北京 : 中国大百科全书出版社 ,1985:146.

[30] 中国社会科学院语言研究所词典编辑室编. 现代汉语词典 [M]. 北京 : 商务印书馆 ,1996:1662.

[31] 朱慕菊. 走进新课程 [M]. 北京 : 北京师范大学出版社 ,2002(1): 197.

[32] 朱慕菊. 走进新课程 : 与课程实施对话 [M]. 北京 : 北京师范大学出版社 ,2002:223.

二、期刊论文类

[1] 丛立新. 知识. 经验. 活动与课程的本质 [J]. 北京师范大学学报 ,1998.(4):60.

[2] 何玉人.文化豫剧中的河南豫剧 [J].东方艺术,2005:83.

[3] 纪俊娟.河南豫剧溯源与发展探究 [J].戏曲艺术,2008(3):41-43.

[4] 师欢欢.后慧宏.义务教育高质量发展的学校内涵建设向度 [J].当代教育论坛,2022(9):1-10.

[5] 苏勇.文化身份认同与建构中的文化主体性 [J].贵州师范大学学报 (社会科学版),2009.(1):93-97.

[6] 王菊梅.河南省义务教育均衡发展的战略思考 [J].中国教育学刊,2007(05):17-19.

[7] 陈国华.从观众的审美需求看豫剧观众的审美教育 [J].中州学刊,2006(3):252-254.

[8] 邓小泉.杜成宪.教育生态学研究二十年 [J].教育理论与实践,2009.29(13):12-16.

[9] 顿蒙蒙.浅谈色彩在豫剧服饰中的功用及发展 [J].戏剧之家,2020(12):38.

[10] 耿浩."以中华文化为母语的音乐教育"文献综述 [J].北方音乐,2019(16):129-130.

[11] 管建华.中国音乐文化发展主体性危机的思考 [J].音乐研究,1995(4):31.

[12] 韩丽霞.河南豫剧的现代发展 [J].河南教育学院学报 (哲学社会科学版),2012 (1):40-42.

[13] 黄兆龙.学校人力资源管理研究 [J].教学与管理,2001(11):13.

[14] 贾建国.张蓁.学校课程建设自觉表达的内涵、困境与路径 [J].教学与管理,2019(28):31-34.

[15] 蒋新秀.田夏彪.中小学审美教育质量的提升策略探思 [J].教育

与教学研究 ,2016 (8):110-113.

[16] 金家新 . 兰英 . 从外貌模式到回应模式 : 论斯泰克 (R.E.Stake)
的课程评价理论 [J]. 外国教育研究 ,2010,37(10):14-17.

[17] 李德强 . 国内外优质课程教学资源开放共享及研究现状 [J]. 科
教导刊 ,2017(4):7.

[18] 李友梅 . 文化主体性及其困境 : 费孝通文化观的社会学分析 [J].
社会学研究 ,2010,25(4):2-19+243.

[19] 廖辉 . 多元文化背景中的课程资源开发 [J]. 民族教育研
究 ,2005(2):16-67.

[20] 唐云富 . 论课程资源的类型与开发策略 [J]. 当代教育科
学 ,2006(1):24-27.

[21] 王燕妮 . 生产性保护 : 文化主体研究视角的理性回归 : "第三
届中美非物质文化遗产论坛" 国际学术研讨会综述 [J]. 民俗研
究 ,2013(1):152-155.

[22] 王耀华 . 中华文化为 "母语" 的音乐教育的意义及其展望 [J].
音乐研究 ,1996(1):8-12.

[23] 王玉平 . 张同乐 . 张志永 . 西柏坡红色文化资源数据库建设热议
[J]. 河北师范大学学报 (哲学社会科学版),2014 (1):140-145.

[24] 吴鼎福 . 教育生态的基本规律初探 [J]. 南京师范大学学报 (社会
科学版),1989(3).

[25] 吴鼎福 . 教育生态学刍议 [J]. 南京师大学报 (社会科学版),1988.
(3):33-36+7.

[26] 吴刚平 . 课程资源的理论构想 [J]. 教育研究 ,2001(9):59-63.71.

[27] 吴航 . 我国主体性教育理论研究的现状及反思 [J]. 华中师范大

学学报 (人文社会科学版),2000.(6):136-142.

[28] 徐继存 , 段兆兵 , 陈琼 . 论课程资源及其开发与利用 [J]. 学科教育 ,2002(2):1-5+26.

[29] 徐继存 . 论课程资源及其开发利用 [J]. 课程与教学论坛 ,2002(2):1-2.

[30] 徐玉珍 . 校本课程开发 : 概念解读 [J]. 课程 . 教材 . 教法 ,2001(4):12.

[31] 姚梅林 . 从认知到情景 : 学习范式的变革 [J]. 教育研究 ,2003(2):62.

[32] 叶玲娟 , 林文雄 , 吴祖建 , 等 . 教学生态视域下基层教学组织的回归与重构 [J]. 高等农业教育 ,2020(2): 80-83.

[33] 余文森 . 略谈主体性与自主学习 [J]. 教育探索 ,2001(12):32.

[34] 张廷凯 . 校本课程资源开发的整合策略和案例分析 [J]. 教育科学研究 ,2007(1):37-40.

[35] 郑金洲 . 走向"校本" [J]. 教育理论与实践 ,2000(6):11-14.

[36] 钟启泉 . 社会建构主义 : 在对话与合作中学习 [J]. 上海教育 ,2001(7):45-48.

[37] 钟启泉 . 知识建构与教学创新——社会建构主义知识论及其启示 [J]. 全球教育展望 ,2006.35(08):12-18.

[38] 朱勇 . 教师主体性的失落与回归 [J]. 教育探索 ,2011(9):16-17.

[39] 胡忠坤 , 舒海英 . 应用型高校翻译工作坊教学模式应用框架研究 [J]. 哈尔滨职业技术学院学报 ,2022(3):152-154.

[40] 李芒 . 建构主义到底给了我们什么 : 论建构主义知识论对教学设计的影响 [J]. 中国电化教育 ,2002(6):10-15.

[41] 廖思敏.失衡与调控：教育生态学视域下高职院校学生评教系统的研究 [J].中国农业教育,2022,23(5):87-97.

[42] 汪翠满.建构主义学习理论对幼儿教育的启示 [J].当代教育论坛（下半月刊）,2009(1):22-23.

三、学位论文类

[1] 王旭.河南豫剧风格民族声乐作品演唱研究 [D].武汉音乐学院,2015:13-16.

[2] 博雅杰.为民族音乐文化传承的校本教材开发研究——以锡伯族音乐为例 [D].东北师范大学,2017(11):202.

[3] 李明.中华民族共同体语境下民族地区教师教育地方课程建构研究 [D].西南大学,2021.003397.

[4] 曹乐意.青海省高中健康教育地方课程开发研究 [D].陕西师范大学,2021.000153.

[5] 杨蕴希.非物质文化遗产地方课程开发研究 [D].湖南师范大学,2020.002715.

[6] 孟庆楠.初中道德与法治校本课程开发研究 [D].东北师范大学,2019.

[7] 张莫.地域文化补给：艺术院校课程资源统整研究 [D].西南大学,2016.

[8] 马志颖.民族中小学校本课程资源开发中的文化选择研究 [D].陕西师范大学,2014.

[9] 彬彬.教师开发利用课程资源研究 [D].东北师范大学,2015.

[10] 李君.博物馆课程资源的开发与利用研究 [D].东北师范大学,2012.

[11] 欧丽荣 . 基于建构主义课程观的高职课程开发研究 [D]. 湖南师范大学 ,2008.

四、其他资料类

[1] 习近平：中华优秀传统文化是中华民族的根和魂 . 海外网 .2022–06–03.

[2] 参见①邹少和著《豫剧考略》1937 年完成 .《戏曲艺术》河南版 1981 年第 3 期 . 第 21 — 24 页②王培义著《豫剧通论》.《京报副刊 · 戏剧周刊》1924 年 12 月一 1925 年 3 月 16 日 . 又载《戏曲艺术》河南版 1984 年第 1 期 . 第 27 — 31 页 .

英文文献

一、著作类

[1] Banks J A. Race. culture. and education: The selected works of James A. Banks[M]. Routledge. 2006.

[2] Bransford J. Brown A J. & Cocking R. How people learn: Brain. Mind. Experience and School[M]. Washington D C: National Academy Publisher.1999.

[3] Caswell H L. Campbell D S. Curriculum development[M]. American Book Company. 1935.

[4] Clifford M A. Dissecting Local Design: Instructional Leadership. Curriculum and Science Education[M]. ProQuest LLC. 789 East Eisenhower Parkway. PO Box 1346. Ann Arbor. MI 48106. 2009.

[5] Cottingham S M. An initial needs assessment of science inquiry

curriculum practices at a local level[M]. Walden University. 2010.

[6] Goodenough W H. 3. Multiculturalism as the Normal Human Experience[M]//Applied anthropology in America. Columbia University Press. 1987: 89-96.

[7] Jameson F. Postmodernism. or. the cultural logic of late capitalism[M]. Duke university press. 1991.

[8] Nias J. Southworth G. Campbell P. Whole school curriculum development in the primary school[M]. Routledge. 2005.

[9] Ralph W. Tyler.Basic Principles of Curri-culum and Instruction [M]. Chicago and London: the University of Chicago Press.1949.

[10] Ralph W. Tyler.Basic Principles of Curri-culum and Instruction [M]. Chicago and London:the University of Chicago Press.1949.

[11] Robinson K. The status of drama in schools[M]//Issues in educational drama. Routledge. 2018: 7-24.

[12] Semali L M. Kincheloe J L. What is indigenous knowledge?: Voices from the academy[M]. Routledge. 2002.

[13] Spring J. Education and the rise of the global economy[M]. Routledge. 1998.

[14] Stenhouse L. An introduction to curriculum research and development[M]. London: Heinemann. 1975.

[15] Tanner D, Tanner L N. Curriculum development: Theory into practice[M]. Macmillan; Collier-Macmillan, 1975.

[16] Thijs A. Van Den Akker J. Curriculum in development[M]. Netherlands Institute for Curriculum Development (SLO). 2009.

[17] VanTassel—Baska J. Introduction to the integrated curriculum model[M]//Content - Based Curriculum for high—ability learners. Routledge. 2021: 15—32.

二、期刊类

[1] Alsubaie M A. Curriculum development: Teacher involvement in curriculum development[J]. Journal of Education and Practice. 2016,7(9): 106—107.

[2] Bailin S. Critical thinking and drama education[J]. Research in drama education. 1998, 3(2): 145—153.

[3] Batty G D. Morton S M B. Campbell D. et al. The Aberdeen Children of the 1950s cohort study: background. methods and follow - up information on a new resource for the study of life course and intergenerational influences on health[J]. Paediatric and perinatal epidemiology. 2004,18(3): 221—239.

[4] Banks J A. An introduction to multicultural education[J]. 2008.

[5] Ben—Peretz M. The concept of curriculum potential[J]. Curriculum Theory Network. 1975,5(2): 151—159.

[6] Campbell B. Lazonby J. Millar R. et al. Science: The Salters' approach - a case study of the process of large—scale curriculum development[J]. Science education. 1994,78(5): 415—447.

[7] Chakraborty M. Muyia Nafukho F. Enhancing student participation: What do students want in online courses? [J]. European Journal of Training and Development. 2014,38 (9): 782—802.

[8] Choppin J. Learned adaptations: Teachers' understanding and

use of curriculum resources[J]. Journal of mathematics teacher education. 2011,14: 331−353.

[9] Cleckley H M. The mask of sanity[J]. Postgraduate medicine. 1951, 9(3): 193−197.

[10] Cowley A D S. Derezotes D. Transpersonal psychology and social work education[J]. Journal of Social Work Education. 1994, 30(1): 32−41.

[11] DiMaggio P. Cultural policy studies: What they are and why we need them[J]. Journal of Arts Management and Law. 1983, 13(1): 241−248.

[12] Dopson L R. Tas R F. A practical approach to curriculum development: A case study[J]. Journal of Hospitality & Tourism Education. 2004,16(1): 39−46.

[13] Driver R. Oldham V. A constructivist approach to curriculum development in science[J]. 1986.

[14] Harden R M. Sowden S. Dunn W R. Educational strategies in curriculum development: the SPICES model[J]. Medical education. 1984, 18(4): 284−297.

[15] Huang N. Ding X. The construction of online course learning model of piano education from the perspective of deep learning[J]. Computational Intelligence and Neuroscience. 2022.

[16] Kennedy E. Laurillard D. Horan B. et al. Making meaningful decisions about time. workload and pedagogy in the digital age: The Course Resource Appraisal Model[J]. Distance Education.

2015,36(2): 177-195.

[17] Lau D C M. Analysing the curriculum development process: three models[J]. Pedagogy. culture and society. 2001, 9(1): 29-44.

[18] Li Kai. Wang Sheng The development and application of VR curriculum resources based on embedded system in open education [J] Microprocessors and Microsystems. 2021,83:103989.

[19] McKnight D. THE GIFT OF A CURRICULUM METHOD[J]. Curriculum & Teaching Dialogue. 2006. 8.

[20] Michael Connelly F. The functions of curriculum development[J]. Interchange. 1972, 3(2-3): 161-177.

[21] Mosteller F. The Tennessee study of class size in the early school grades[J]. The future of children. 1995: 113-127.

[22] Ngai P B Y. Linking distance and international education: A strategy for developing multicultural competence among distance learners[J]. Journal of Studies in International Education. 2003, 7(2): 157-177.

[23] Österlind E. Drama into the curriculum - Sisyphus' work[J]. NJ. 2015,39(1): 3-18.

[24] Pepin B. Enhancing teacher learning with curriculum resources[J]. Research on mathematics textbooks and teachers' resources: Advances and issues. 2018: 359-374.

[25] Petrie K. Enabling or limiting: The role of pre-packaged curriculum resources in shaping teacher learning[J]. Asia-Pacific Journal of Health. Sport and Physical Education. 2012,3(1): 17-34.

[26] Prakash M S. Gandhi' s postmodern education ecology. peace. and

multiculturalism relinked[J]. Holistic education review. 1993: 8-17.

[27] Remillard J T: Modes of engagement: Understanding teachers' transactions with mathematics curriculum resources[J]. From text to 'lived' resources: Mathmatics curriculum materials and teacher development. 2012: 105-122.

[28] Rueda R. Stillman J. The 21st century teacher: A cultural perspective[J]. Journal of Teacher Education. 2012, 63(4): 245-253.

[29] Schneiderhan J. Guetterman T C. Dobson M L. Curriculum development: a how-to primer[J]. Family Medicine and Community Health. 2019,7(2).

[30] Sosulski M J. Workshop in German drama[J]. Scenario: A Journal of Performative Teaching. Learning. Research. 2008, 2(1): 7-16.

[31] Stinson M. Prevailing winds: influences on systemic drama curriculum development[J]. NJ. 2009, 33(1): 31-41.

[32] Trgalová J. Rousson L. Model of appropriation of a curricular resource: A case of a digital game for the teaching of enumeration skills in kindergarten[J]. ZDM. 2017, 49: 769-784.

[33] Watt M G. The Role of Curriculum Resources in Three Countries: The Impact of National Curriculum Reforms in the United Kingdom. the United States of America. and Australia[J]. Online Submission. 2004.

[34] Wulf C. Zirfas J. Homo educandus: Eine Einleitung in die pädagogische Anthropologie[J]. Handbuch Pädagogische Anthropologie. 2014: 9-26.

[35] Yoon J S. Kerber K. Bullying: Elementary teachers' attitudes and intervention strategies[J]. Research in Education. 2003, 69(1): 27-35.

三、学位论文类

Dani Baylor.PavelSasonov&Noel Smith：A Coilaborative Class Investigation intoTelecommunicat ions in Educat ion[D]. NewYork：MacmiIlanPublishingCompany.1990(4):185.